TESTOSTERON

MENTAL STYRKE, DOMINANS &

SELVDISCIPLIN.

MEMENTO MORI

HUSK, AT DU SKAL DØ

1.Udgave

Skrevet af Jannik fougt

Indholdsfortegnelse

INTRODUKTIONEN

– Hvad den moderne mand mangler

Vi lever i en tid, hvor maskulinitet er blevet udvandet.
Mænd er bange for at stå ved deres styrke. Bange for at sige
sandheden. Bange for at kræve noget – af sig selv og af andre.

Den moderne mand er overinformeret, overstimuleret og
underudfordret.
Han gemmer sig bag skærme, validation og overspringshandlinger.
Han har ingen retning. Ingen disciplin. Ingen kant.

Han er fysisk svag, mentalt ustabil og socialt forvirret.
Og samfundet klapper af ham, så længe han ikke forstyrrer status
quo.

Men du er ikke her for at blive klappet af.
Du er her for at blive **farlig**.

– Hvad du kommer til at lære

Denne bog er ikke skrevet for at motivere dig.
Den er skrevet for at **transformere dig**.

Du kommer til at lære:

- Hvordan du bygger **mental uknuselighed**
- Hvordan du skaber **disciplin uden undskyldninger**
- Hvordan du bliver **socialt dominant og respektindgydende**
- Hvordan du styrer **dine følelser, din tid og dine relationer**

- Hvordan du bygger **en krop, et mindset og et liv, andre respekterer**
- Hvordan du tager kontrollen over **penge, kvinder, kampe og legacy**

Det her er ikke terapi. Det er ikke feel-good.
Det er **krigsstrategi for mænd, der nægter at være gennemsnitlige.**

– Hvordan du bruger bogen

Læs ét kapitel ad gangen. Intenst.
Reflektér.
Og vigtigst af alt: **Eksekvér.**

Hver del afsluttes med en **handlingsopgave**, der tvinger dig ud af dit hoved og ind i handling.
Springer du dem over, spilder du din tid.

Sæt dig op mentalt. Læs bogen med en blyant i hånden og en mission i hjertet.
Læs som en mand, der **har besluttet sig for at tage kontrol** over sit liv.

For det her handler ikke om at blive inspireret.

Det handler om at blive **farlig.**
Fokuseret.
Fri

DEL 1: MENTAL STYRKE & UDHOLDENHED

Kapitel 1: Livet Skylder Dig Intet

Ingen kommer for at redde dig. Offermentalitet dræber din fremtid.

VÅGN OP – INGEN GIVER EN FUCK

Forestil dig, at du ligger nøgen midt i en iskold ørken. Du fryser, du sulter, du skriger efter hjælp.
Men der kommer ingen. Der er ikke nogen, der hører dig.
Velkommen til virkeligheden. **Det er sådan livet føles for mænd, der tror, verden skylder dem noget.**

Samfundet har opdraget dig til at tro, du fortjener ting bare fordi du eksisterer:

- "Du fortjener kærlighed."

- "Du fortjener et godt job."

- "Du fortjener respekt."
  Forkert. Du *fortjener ikke en skid*, før du har *gjort noget, der fortjener det.*

Folk respekterer **resultater**, ikke intentioner. De følger **styrke**, ikke klagesang.
Ingen kommer og redder dig. Der er ikke nogen superhelt. **Du er superhelten. Eller også er du offeret, der dør først.**

OFFERMENTALITET ER EN SYGDOM

Offermentalitet er som kræft. Det starter småt – et par undskyldninger her og der:

- "Jeg kunne ikke nå træning i dag, fordi jeg havde travlt."
- "Jeg kunne ikke bygge den forretning, fordi jeg ikke havde penge."
- "Min barndom var hård, så jeg har det sværere end andre

Og før du ved af det, har du opbygget en identitet bygget på **svaghed og selvmedlidenhed**. Du bærer den som en rustning og bliver vred, når nogen kalder dig ud.

Men her er sandheden: **Hvis du konstant leder efter nogen at give skylden, så vil du aldrig finde løsningen.**
Du vil aldrig blive stærkere. Aldrig blive fri. Du vil være en voksen mand fanget i en drengs mindset – og det vil dræbe din fremtid.

DE STÆRKE TIER, MENS DE BYGGER

Har du nogensinde lagt mærke til, at de mænd, du respekterer mest, sjældent brokker sig?
De klager ikke. De græder ikke på sociale medier.
De handler. I stilhed. De rejser sig tidligt, arbejder hårdt, løfter tungt, kæmper videre.

Hvorfor? Fordi de forstår, at **klage er spild af tid.**
Den tid, du bruger på at føle dig som et offer, kunne du bruge på at bygge dit liv.
Et træ gror ikke, fordi det *ønsker* det. Det gror, fordi det står fast i stormen.

MANDEN DER TAGER ANSVAR, BLIVER KONGE

Du er ikke ansvarlig for, hvordan dit liv startede.
Men du er 100% ansvarlig for, hvordan det ender.

Verden respekterer ikke mænd, der peger fingre. Verden følger mænd, der siger:
"Det her er mit liv. Jeg ejer det. Jeg fik lortekort? Så spiller jeg dem som en konge alligevel."

Du kan ikke kontrollere alt. Men du kan kontrollere:

- Din indsats.

- Din attitude.

- Din disciplin.

- Dine beslutninger.

Det er det, der gør dig farlig. **Ikke held. Ikke penge. Ikke gener. Men ansvar.**

EKSISTERER DU, ELLER LEVER DU?

De fleste mænd trasker gennem livet som zombier:

- De står op, trykker snooze, haster ud af døren.

- De hader deres job, men tør ikke sige op.

- De vil gerne være i form, men spiser junk og misser træning.

- De vil gerne med kvinder, men tør ikke engang sige hej.

Hvorfor? Fordi de stadig tror, nogen kommer og redder dem.
Men livet redder ikke nogen. Det knækker dig – eller hærdner dig. Du vælger.

Det eneste, der adskiller vindere og tabere, er: hvem tog styring over sit liv – og hvem ventede på hjælp, der aldrig kom.

KONKRETE PRINCIPPER: SÅDAN GØR DU DIG MENTALT STÆRK

1. Tag ansvar for ALT – selv det, der ikke er din skyld

Din chef er en nar? Okay. Men det er *dit liv*, og du kan skifte job eller bygge noget selv.

Din far forlod dig? Trist, men du er ikke en dreng længere. Rejs dig. Gør det bedre.

2. Slå undskyldninger ihjel, hver gang de dukker op

En undskyldning er en virus. Den spreder sig, hvis du ikke dræber den hurtigt.

Træn, selvom du er træt. Arbejd, selvom du ikke har lyst. Sig nej, når du hellere vil sige ja.

3. Gør det hårde, som om du elsker det

Vask dit tøj. Træn dine muskler. Læs bøger. Løs problemer.

Hver gang du gør det, der er hårdt, vokser du.

Du bliver en maskine. En mand, der ikke bøjer sig.

Kapitel 2: Komfort Er Din Fjende

Hvordan komfort ødelægger din maskulinitet. De daglige vaner, der gør dig svag.

Komfort er ikke din ven – det er din snigmorder

Alt i dit liv forsøger at gøre dig blød.
Din seng. Dine apps. Din telefon. Din kost. Din sofa. Dit job.
Det hele er designet til at holde dig i ro, pacificeret, passiv – **tam**.

Og tamme mænd vinder aldrig noget.

Du tror, komfort gør dig glad. Du tror, at det at sove længe, spise hvad du vil, binge Netflix og undgå ubehag er målet med livet.
Forkert. Komfort er det, der **langsommere og langsommere kvæler din styrke**.
Du mærker det ikke – før det er for sent. Før du vågner op som en svag, slatten skygge af den mand, du kunne være blevet.

Evolutionen har ikke forberedt dig på denne verden

Dine forfædre kæmpede mod kulde, sult, krig og død.
Du kæmper mod... snooze-knappen og sukkertrang.

Du er biologisk kodet til at ville slappe af. Det var nødvendigt dengang.
Men i dag? I dag er komfort overalt. Tilgængelig. Billig. Lokkende.
Og hvis du ikke aktivt bekæmper den, så **vil du blive blød. Svag. Ubetydelig.**

Derfor er komfort ikke bare en luksus – det er en test. Og du fejler hver gang, du vælger den nemme vej.

Hver gang du vælger komfort, svækkes du lidt

Du trykker snooze i stedet for at stå op og træne.
Du scroller i stedet for at bygge.
Du spiser pizza i stedet for protein.
Du binger serier i stedet for at læse eller arbejde.

Hver gang du vælger det nemme – mister du et stykke af din maskulinitet.

Du lærer din hjerne, at "det hårde ikke er værd at gøre".
Og på den måde programmerer du dig selv til at være svag, reaktiv og afhængig.
Og afhængige mænd har aldrig magt.

Maskulinitet lever i det ubehagelige

Skal du føle dig maskulin? Så skal du gøre ting, der er ubehagelige:

- Sved, smerte og disciplin i træningscenteret.

- Stilhed og fokus, mens andre fester.

- Arbejde, selvom du er træt.

- Tale sandheden, selv når det gør ondt.

- Tage ansvar, selv når det føles uretfærdigt.

Maskulinitet er ikke en følelse. Det er **handling under pres**. Det er **at presse igennem, når det ville være nemmere at give op.**
Det er ikke en krop fyldt med muskler – det er en mand, der kigger modstand i øjnene og smiler.

Komfort skaber dovne, overvægtige, irrelevante mænd

Se dig omkring.

Mænd uden retning. Mænd uden drive. Mænd uden ild i øjnene.

De lever for fredag. De sover indtil middag. De brokker sig over politik på nettet, men kan ikke engang holde deres egen krop sund.

Hvorfor? Fordi komfort har knust dem.

De er afhængige af den dopamin, deres telefoner giver. Af sukker, af validation, af underholdning.

De er slaver i deres eget liv, pakket ind i puder.

Men det værste? De VED det.

De mærker inderst inde, at de burde være mere. Men komfort gør dem bange for forandring. Så de bliver, hvor de er.

Du skal selv opsøge det ubehagelige – hver dag

Ingen kommer og tvinger dig til at blive stærk.

Ingen tvinger dig til at sige nej til kage, nej til Netflix, nej til latskab.

Det er dig. Kun dig.

Hvis du vil vinde, må du **opsøge det, der gør dig ubehageligt tilpas.**

Fryser du? Gå udenfor uden jakke.

Træt? Træn alligevel.

Nervøs? Tal alligevel.

Sulten? Vent en time ekstra.

Ubehag er **din styrketræning for sindet**.

Fem daglige vaner, der gør dig svag (og hvad du skal gøre i stedet)

1. Snooze-knappen

Hver gang du trykker, fortæller du dig selv, at du ikke styrer dit liv.

Løsning: Stå op første gang. Rejs dig som en soldat.

2. Udisciplineret kost

Hver gang du spiser som en dreng, træner du dit sind til at være impulsstyret.

Løsning: Spis som en kriger. Protein, grønt, vand.

3. Afhængighed af telefonen

Din dopamin bliver drænet af TikTok og Instagram.

Løsning: Begræns skærmtid. Brug din mobil som et våben, ikke et legetøj.

4. Ingen fysisk træning

Du siger indirekte: "Min krop betyder ikke noget."

Løsning: Træn hver dag. Sved. Kæmp. Byg dig selv.

5. Undgåelse af ansvar

Du venter på, at andre tager teten.

Løsning: Tag initiativ. Vær lederen – ikke følgeren.

Test dig selv: Har komfort allerede svækket dig?

Spørg dig selv:

- Hvornår var sidst, jeg gjorde noget ubehageligt frivilligt?

- Hvornår valgte jeg disciplin frem for lyst?

- Hvilke komfortzoner lever jeg stadig i?

Hvis du ikke kan svare – så ved du, hvor dit arbejde begynder.

Kapitel 3: Smerten Gør Dig Stærkere

Lær at udholde smerte og modgang. Gør lidelse til din superkraft.

Svage mænd flygter fra smerte – stærke mænd jager den

De fleste mænd løber fra ubehag. De flygter fra det, der gør ondt.
De fylder sig med distraktioner: mad, porno, stoffer, spil, sociale medier.
Alt sammen for at undgå den uundgåelige følelse, vi alle møder: **smerte.**

Men her er den brutale sandhed: **Ingen stor mand er blevet formet uden lidelse.**

Du vil være stærk? Du vil være respektindgydende?
Så må du først blive smadret. Og du må lære at smile, mens det sker.

Smerte er en besked – ikke din fjende

Smerte er ikke det, der ødelægger dig. Det er det, der viser dig, hvor du stadig er svag.

- Den sult, du føler under fasten, er din krop, der lærer disciplin.

- Den udmattelse i træning er dit sind, der bliver hærdet.

- Den ensomhed, du mærker, er dit ego, der bliver udfordret.

- Den afvisning, du hader, er din maskulinitet, der formes.

Smerte er læreren, de svage undgår.
Men stærke mænd sidder forrest i klassen og siger: "Vis mig mere."

Ingen udvikling uden modstand

Forestil dig en mand, der aldrig har oplevet smerte.
Han har aldrig været sulten. Aldrig været alene. Aldrig kæmpet. Aldrig tabt.
Ved du, hvad han er værd? Ingenting.

Mænd bliver formet af kamp. Du udvikler dig, når du *ikke har lyst*, men gør det alligevel.
Du bliver stærkere, når du bliver presset ud over dit bristepunkt – og nægter at bøje dig.

Det er ikke de lette dage, der skaber dig. Det er de dage, der næsten knækker dig.

Din kapacitet for smerte er din kapacitet for dominans

Du vil lede andre? Du vil have kvinder, penge, respekt?
Så må du kunne udholde mere smerte end de andre.
Jo mere smerte, du kan bære uden at klage – jo mere magt får du.

For hver mand, der giver op, når det bliver hårdt, rejser en ny sig, der tager hans plads.
Du vælger selv, hvem du er.

Evnen til at lide i stilhed – og fortsætte – er en af de største superkræfter, en mand kan eje.

Brug lidelse som brændstof

Spørg ikke "hvorfor mig?"
Spørg: "Hvad lærer jeg af det her?"
Alt, der sker for dig, er data. Brug det.

- En kvinde afviser dig? Brug det i din træning.

- Du mister penge? Brug det som motivation til at bygge.

- Du bliver ydmyget? Brug det som brændstof til at komme stærkere igen.

Du kan ikke kontrollere alt i livet. Men du kan kontrollere, hvordan du **fortolker og bruger** det.
Lidelse kan være et fængsel – eller et våben. Du vælger.

Fem måder at gøre smerte til en styrke

1. Træn til udmattelse
Pres dig til grænsen fysisk – lær din hjerne, at smerte ikke er farligt.

2. Fast regelmæssigt
Tving dig selv til at gå uden mad. Du lærer, at du kan kontrollere dine impulser.

3. Sig nej til nydelse, når du længes efter den
Drop porno. Drop junkfood. Drop overspringshandlinger. Vær bevidst om dine valg.

4. Tal sandheden – især når det er ubehageligt
Konfrontér. Sig nej. Sæt grænser. Uanset om det koster.

5. Vælg det svære – hver gang du står overfor valget
Er der to veje? Vælg den hårde. Den er der, din styrke venter.

Smerten former dig – hvis du tør stå i den

Størstedelen af mænd bruger hele deres liv på at undgå det, der gør ondt.
Men de ender alligevel med at lide – bare i stilhed og skam.

Det er bedre at **lide med formål, end at visne i komfort.**
Smerte er uundgåelig. Det, du vælger at gøre med den, afgør, hvem du bliver.

AFSLUTNING PÅ DEL 1: MENTAL STYRKE & UDHOLDENHED

HANDLINGSOPGAVE: DØD OVER DEN SVAGE VERSION AF DIG SELV

Du har nu læst tre kapitler, der hver især har revet illusioner fra hinanden:

- Kapitel 1 fortalte dig, at **livet skylder dig intet** – og at alt ansvar ligger på dine skuldre.

- Kapitel 2 viste dig, at **komfort er din fjende**, og at det, der føles rart, i virkeligheden gør dig svag.

- Kapitel 3 lærte dig, at **smerte er din superkraft**, og at lidelse er nødvendigt, hvis du vil være noget særligt.

Men læsning alene ændrer ikke dit liv. **Handling gør.**

Derfor får du nu én opgave: En 7-dages brutal genstart. En test. En manddomsprøve.

---

7 DAGE TIL AT SMADRE DEN GAMLE VERSION AF DIG SELV

REGLER (ingen undtagelser, ingen klynk):

1. Stå op kl. 05:30 – hver dag.
Ingen snooze. Intet "jeg var træt."
Du står op som en mand, der styrer sit liv.

2. Træn fysisk hver dag – i 60 minutter.
Om det er vægte, bodyweight, løb eller kampsport. Bare sved.
Du presser dig. Ikke noget hyggefitness.

3. Kold afslutning på hvert bad.

De sidste 30 sekunder SKAL være iskoldt.
Ikke for kroppen. For dit sind. Lær at styre din reaktion på ubehag.

4. 0 junk. 0 sukker. 0 alkohol.

Du skal tage kontrol over dine lyster. Du fodrer ikke svagheden i dig.

5. Ingen porno. Ingen dating apps.

Du fjerner afhængighed. Du sparer din energi til din mission.

6. 30 minutters stilhed og refleksion dagligt (uden skærm).

Sæt dig med papir og pen.
Svar på: *Hvem er jeg? Hvor er jeg svag? Hvad skal dø i mig, for at jeg kan blive stærkere?*

7. En daglig handling mod frygt.

Hver dag gør du én ting, du har undgået.
Det kan være:

- Sige nej til noget du plejer at sige ja til

- Tage kontakt til nogen

- Tage ansvar for en fejl

- Gøre noget fysisk hårdt

EKSTRA: Skriv din egen eulogi

Ja, du læste rigtigt.
Skriv en dødstale over din svage version.
Beskriv den gamle dig – hans undskyldninger, hans svagheder, hans lortevaner.
Skriv det som om han er død. For det er han, hvis du tager det her alvorligt.

Og hver morgen i de 7 dage skal du læse den højt for dig selv.
Mind dig selv om, at *den mand er færdig* – og du er i gang med at bygge en ny.

Når de 7 dage er slut…

Så vil du:

- Have mere kontrol over dit sind og dine handlinger

- Føle dig stærkere, skarpere, mere fokuseret

- Være i gang med at slå den svage version af dig selv ihjel

Men pas på.
Den gamle version vil kæmpe imod. Han vil hviske: "Du har brug for en pause…"
Knus ham. Hver dag. Indtil han er væk.

DEL 2: DOMINANS & SOCIAL DYNAMIK

Kapitel 4: Ingen Respekterer En Svag Mand

Hvorfor svaghed gør dig usynlig. Hvordan du opbygger en stærk persona.

Folk mærker det, før du åbner munden

Du træder ind i et rum.

Ingen vender sig. Ingen hilser. Ingen ser dig som en trussel.

Du er til stede – men usynlig.

Fordi du udstråler svaghed.

Det handler ikke om dit tøj, din højde eller din stemme.

Det handler om **din energi. Din tilstedeværelse. Dit indre mindset.**

Folk respekterer ikke den, der ikke respekterer sig selv.

Og hvis du går rundt som en undskyldning for en mand – så bliver du behandlet som sådan.

Svaghed bliver aldrig belønnet i det virkelige liv

Vi lever i en verden, der siger "vær sårbar", "vis dine følelser", "alle er gode nok".

Men det er løgn – for det virkelige liv respekterer ikke det narrativ.

Det virkelige liv fungerer anderledes:

- Den stærkeste han i flokken parrer sig – ikke den, der græder mest.

- Den, der fører an, bliver hørt – ikke den, der beder om lov.

- Den, der udstråler kraft og kontrol, får muligheder – ikke den, der kryber.

Svaghed er en invitation til at blive overset, domineret og udnyttet.

Respekt starter med selvrespekt

Folk vil aldrig respektere dig mere, end du respekterer dig selv.
Så spørg dig selv:

- Gør du det, du siger, du vil gøre?

- Holder du dine egne standarder?

- Behandler du dig selv som en mand på mission – eller som en dreng uden retning?

Hvis du konstant bryder dine egne løfter, tillader lort i dit liv, og lader andre overskride dine grænser – **så signalerer du, at du ikke fortjener respekt.**

Og det budskab opfanger folk lynhurtigt.

En stærk persona kan bygges – dag for dag

Du er ikke født med dominans. Du bygger den.
Du konstruerer en **persona**, der udstråler styrke og lederskab. Det starter indefra:

1. Dine principper
Hvad står du for? Hvad accepterer du ikke?
En mand uden klare principper er som en båd uden retning – let at skubbe rundt.

2. Din kommunikation
Tal med autoritet. Brug stilhed strategisk.
Stærke mænd taler, når de har noget at sige – og ser andre i øjnene, når de siger det.

3. Din krop og fysik

En stærk krop ændrer, hvordan folk ser dig – og hvordan du ser dig selv.
Byg den. Vis, at du er i kontrol.

4. Din integritet

Hvis du siger, du gør noget – så gør du det.
Hvis du siger, du står for noget – så stå fast, selv når det koster.

5. Dine standarder

Du tolererer kun det, du ønsker mere af i dit liv.
Lav tolerancen for bullshit. Hæv barren for, hvad du kræver af dig selv og andre.

Dominans provokerer

Ordet smager af magtmisbrug, undertrykkelse og gammeldags patriarkat.

Men dominans handler ikke om at kontrollere andre. Det handler om at kunne lede sig selv. Om at stå roligt, når andre vakler. Om at være en mand, andre kan læne sig op ad – ikke én, der vælter ved første modvind.

I en verden, hvor al maskulinitet bliver mistænkeliggjort, har vi brug for mænd, der tør dominere sig selv og sit liv – ikke andre.

Det er den dominans, denne bog taler om. Og ja – det vil provokere. Men nogle gange skal der sandhed til, før vi finder balancen igen.

Dominans handler ikke om at råbe højt – men om at være urokkelig

De stærkeste mænd er ikke nødvendigvis de mest højlydte.
De er de mest stabile. De mest kontrollerede. De mest målrettede.

Dominans handler ikke om at tvinge andre til at følge dig.
Det handler om at blive den type mand, folk automatisk følger.

De mærker din styrke. Din retning. Din ro. Din beslutsomhed.
De mærker, at hvis de går imod dig – taber de.

Tre daglige vaner til at opbygge en respektindgydende persona

1. Træn dig selv til at holde din frame
Når nogen tester dig, kritiserer dig eller forsøger at provokere dig – smil.
Træk vejret. Bevar roen.
Din evne til at **ikke reagere** er dominans i praksis.

2. Gør noget hver dag, der styrker din karakter
Sig nej til fristelser. Tag ansvar. Tag lederskab i små situationer.
Dominans opbygges i hverdagen – ikke kun i ekstreme øjeblikke.

3. Afvis respektløse inputs
Folk, der ikke respekterer dig, har intet i dit liv at gøre.
Skær dem fra. Hæv dit miljø, eller du synker med det.

Kapitel 5: Bliv Den Mand Der Frygtes, Og Kvinder Vil Have

Maskulin karisma og social dominans. Udstråling, der skaber respekt og attraktion.

Der er mænd – og så er der *ham*

Du ved, hvem jeg taler om.
Den mand, der træder ind i rummet og ændrer energien med det samme.
Han behøver ikke sige noget. Alle mærker ham.

Mænd bliver stille. Kvinder bliver nysgerrige.
Han har ikke brug for opmærksomhed – han *tiltrækker* den.
Det er ikke held. Det er ikke genetik. Det er **energi, udstråling og presence**.

Og ja – du kan bygge det. Men først skal du forstå, hvad *ægte* maskulin karisma handler om.

Karisma handler ikke om at være flink – det handler om at dominere med stil

Du har fået at vide, at du skal være sød, forstående, høflig og "ikke være for meget".
Men de mænd, kvinder drages mod, og mænd respekterer, **er aldrig de pæne fyre**.
De er rå, direkte, urokkelige – men med kontrol.

Karisma = Kontrolleret magt.
Det er kombinationen af styrke og ro.

Det er, når folk kan mærke, du kunne eksplodere – men du vælger ikke at gøre det.

Det er derfor mænd frygter dig.
Og kvinder vil have dig.

Din udstråling afgør din sociale rang

Du tror, det er dit CV, dine muskler eller dine penge, der afgør, hvor du står socialt.
Men det hele starter med din **energi** – din vibe – din udstråling.

Folk scanner dig ubevidst for:

- Hvordan du bærer dig selv

- Hvordan du taler

- Hvordan du reagerer under pres

- Om du leder – eller følger

Din **indre tilstand** bliver læst som en åben bog.
Hvis du er usikker, nervøs, desperate eller konfliktsky – så taber du hierarkiet *før du overhovedet åbner munden*.

Mænd, kvinder og dyr reagerer instinktivt på styrke

Kig på dyreverdenen. Der er ikke nogen lange samtaler.
Et blik. En bevægelse. En attitude.
Og man ved: Han dér er alpha.

Mænd med dominans udstråler:

- **Lav spænding i kroppen** – fordi de er vant til pres

- **Direkte øjenkontakt** – fordi de ikke gemmer sig

- **Afslappede bevægelser** – fordi de ved, de har kontrol

- **Rolig, dyb stemme** – fordi de ikke søger accept

Du lærer ikke karisma gennem bøger – du **indtræner den gennem erfaring og ubehag.**

Fem nøgleprincipper til maskulin karisma og dominans

1. Ejer rummet – ikke ved at tale højt, men ved at være urokkelig
Du behøver ikke råbe. Stilhed og øjenkontakt kan dominere langt mere end larm.

2. Søg ikke andres godkendelse
Hvis du siger noget, og kigger rundt for accept – du taber.
Sig det, stå ved det, og træk ikke tilbage.

3. Tal mindre, sig mere
Skær alt fyld fra. Vær præcis. Når du siger noget, skal det være *skarpt* og *værdifuldt.*

4. Vis, at du er farlig – men under kontrol
Folk skal kunne mærke, at du kunne eksplodere – men at du vælger ikke at gøre det.
Det er rå maskulin energi. Kvinder mærker det. Mænd respekterer det.

5. Hold fysisk kontrol over din krop og stemme
Træk vejret dybt. Tal langsomt. Bevæg dig kontrolleret.
Kropssproget kommunikerer 10x mere end dine ord.

22

Kvinder vil have mænd, der ikke *har brug for dem*

Du tror, at du skal være ekstra sød og forstående for at få kvinder til at kunne lide dig?
Forkert.
Kvinder bliver tiltrukket af mænd, der **ikke prøver** at få dem til at kunne lide dem.

Kvinder vil have mænd, der har værdi med eller uden dem.
Mænd, der har retning. Mænd, der **ikke ændrer sig for at please.**
Mænd, der siger: *"Det her er mit liv – du kan være en del af det, men du bestemmer ikke ruten."*

Social dominans er ikke manipulation – det er naturlig ledelse

Folk VIL gerne ledes – men kun af mænd, der ved, hvor de skal hen.
Dominans handler ikke om at kontrollere andre med frygt.
Det handler om at **have en så stærk retning, at andre automatisk følger dig.**

Kvinder følger dig, fordi de mærker din mission.
Mænd respekterer dig, fordi de ved, du står fast, selv i modvind.

Kapitel 6: Sådan Læser Du Folk Og Manipulerer Sociale Situationer

Forstå psykologien bag dominans. Styrkespil i sociale hierarkier.

Du bliver målt, testet og placeret – hver gang du åbner døren

Du går ind i et rum. En bar, et mødelokale, et træningscenter.
Folk ser op. De scanner dig. Det tager 2 sekunder.
Og uden du siger ét ord, har du allerede fået en plads i hierarkiet.

Er du farlig? Er du ligegyldig? Er du potentielt nyttig? Er du underdanig?

Det meste social dominans foregår uden ord.
Hvis du ikke ved, hvordan du læser rummet, sætter din egen ramme og manipulerer situationen, **bliver du manipuleret uden at vide det**.

Du spiller allerede spillet – spørgsmålet er, om du spiller godt

De fleste mænd går rundt og tror, at socialt samspil bare er "at være sig selv."
Men virkeligheden er mere brutal:

- Den stærkeste får taletid.

- Den mest karismatiske får opmærksomheden.

- Den mest dominante får følgeskab.

- Den mest bevidste får overhånden – hver gang.

Folk tester dig. Hele tiden.
De ser, om du reagerer, om du bøjer dig, om du kigger væk, om du

snakker for meget.

Du bliver vurderet nonverbalt, psykologisk, konstant.

Hvis du ikke forstår spillet, bliver du en brik i andres.

Eksempler på styrkespil, du skal spotte – og vinde

1. Mikroafbrydelser:
Du siger noget, og nogen afbryder dig med et "nå, men altså…"
De tester, om du bøjer dig.

Svar: Fortsæt som om de ikke afbrød dig. Sæt tempoet. Ejer taletiden.

2. Kroppens placering:
I en gruppe – står du i midten eller i periferien?
Står du oprejst, eller læner du dig nervøst ind for at "blive hørt"?

Dominans: Læn dig tilbage. Brug plads. Bevæg dig med ro.

3. Skjult dominans:
Nogen stiller spørgsmål med dominerende undertoner:
"Er det ikke lidt ambitiøst det der?"
"Tror du virkelig, det virker?"

Svar: Smil. Pause. Og svar med ro:
"Ja. Og det er netop derfor, det virker."
Ingen forklaring. Ingen undskyldning. Du sætter tonen.

Det vigtigste våben: Rammen

En **ramme** er din mentale position i en samtale. Den usynlige kontekst.

Eksempler:

- "Jeg er lederen. Du søger min godkendelse."

- "Jeg er værdifuld. Du skal kvalificere dig."

- "Jeg styrer stemningen. Du følger."

Den, der **reagerer mest**, taber rammen.
Den, der **sætter tempoet**, vinder den.

Når du bliver angrebet verbalt, og du straks forsvarer dig – *du taber*.
Når du bliver testet, og du svarer med ro, smil og styrke – *du sætter rammen*.

Læs rummet – og forstå hierarkiet

I ethvert rum er der roller:

- **Lederen:** Ham folk lytter til.

- **Narrøven:** Ham folk griner ad, men ikke med.

- **Den neutrale:** Han, der ikke skaber nogen reaktion.

- **Den reaktive:** Den, der bliver domineret uden at ane det.

Du skal **læse blikkene. Tonen. Kroppen. Pauserne.**
Kig på, hvem folk lytter til. Hvem de ignorerer. Hvem de retter sig mod.

Du skal ikke altid være den højlydte – du skal være den, folk *responderer* til.

Sociale manipulationsteknikker du skal mestre (og forsvare dig imod)

1. "Negging"
Et kompliment med en subtil fornærmelse.
"Du ser faktisk ret godt ud i dag – det klæder dig at gøre noget ud af dig selv for en gangs skyld."

Brug selv: Brug det til at teste selvtillid hos andre.
Forsvar dig imod: Ignorér det verbale – reager kun på intention. Svar med styrke, ikke vrede.

2. "Frame flip"

Når nogen forsøger at placere dig i en underlegen position – og du vender det.

Eksempel:

"Du er lidt selvfed, hva?"

Svag mand: "Ej nej, jeg mener det jo ikke sådan…"

Stærk mand: "Selvfølgelig. Jeg ville da være idiot, hvis jeg ikke troede på mig selv."

3. "Group isolation"

Socialt pres i grupper, hvor nogen forsøger at få dig til at være "den mærkelige", "den ekstreme", "den akavede".

Svar: Gør dig selv til autoritet. Brug humor med kant. Drej samtalen tilbage på dine præmisser.

---

4. "Silent pressure"

En anden person siger ingenting – men stirrer, tier, tester dig.

Svar: Hold blikket. Smil. Bryd tavsheden med noget, der viser, du ejer rummet.

Hvordan du opbygger social dominans over tid

1. Tal mindre – men skarpere

Hver sætning du siger, skal enten:

- Udfordre

- Lede

- Vise styrke

- Få folk til at grine på *dine* præmisser

2. Øv dig i social modstand

Gå bevidst ind i samtaler, hvor du bliver testet.

Sæt dig selv i ubehagelige sociale situationer – og lær at *blive stående mentalt*.

3. Læs om kropssprog og øv det i praksis

Træk vejret lavt. Hold skuldrene tilbage. Brug pauser, stilhed, øjenkontakt.

En stærk mand taler ikke hurtigt – han *forventer*, at folk lytter.

Opsummering: Den sociale alfa sætter spillet, ikke bare spiller det

Social dominans handler ikke om at være højrøstet, arrogant eller overdrevet.

Det handler om at:

- Forstå spillet
- Kontrollere rammen
- Reagere minimalt
- Læse andre med præcision
- Styre din energi og din tilstedeværelse

Du skal være manden, der får andre til at mærke:

"Hvis jeg går op imod ham, taber jeg."

Og det starter ikke med at spille "smart".

Det starter med **bevidsthed, træning og kontrol.**

AFSLUTNING PÅ DEL 2: DOMINANS & SOCIAL DYNAMIK

HANDLINGSOPGAVE: TAG RUMMET – OG HOLD DET

Det er tid til at gøre det, 95% af mænd aldrig tør:
Sætte sig selv i sociale situationer, hvor du skal dominere.
Ikke med vold. Ikke med råben.
Med *energi, ramme, blik, tilstedeværelse.*

Du har lært:

- Ingen respekterer en svag mand

- Kvinder vil have dominans, mænd respekterer karisma

- Den, der læser og manipulerer spillet, former hierarkiet

Nu er det din tur til at **tage kontrollen.**

7-DAGES SOCIAL DOMINANS-CHALLENGE

Regler:
Ingen undskyldninger. Ingen tilbageholdenhed. Du skal dominere – med stil.

Dag 1 – Øjenkontaktens magt

Opgave:
Hold øjenkontakt med alle, du interagerer med i dag.
Ingen undvigelser. Ingen nervøse blikke.
Når du taler – kig.
Når de taler – kig.
Når du går – kig.

Mål:
Træn din evne til at dominere uden ord.

Dag 2 – Tal som en konge

Opgave:
I dag skal du tale langsomt, dybt og uden fyldord.
Ingen "øhm", "altså", "måske", "jeg ved ikke".
Hver gang du taler, tal som om det, du siger, er vigtigt.
Og tal KUN, når du har noget at sige.

Mål:
Udstrål pondus. Gør stilhed til en del af dit arsenal.

Dag 3 – Gå ind i rummet og vind det

Opgave:
Besøg et sted med andre mennesker – café, center, netværk, bar.
Gå ind med rank ryg, langsomme skridt, stærk energi.
Kig rundt. Ikke på folk – men *igennem* dem.

Du skal *tage rummet* uden ord.

Mål:
Følg ikke stemningen – sæt den.

Dag 4 – Test og styr din ramme

Opgave:
Start en samtale og **sæt rammen**:

- Stil et provokerende spørgsmål

- Giv en selvsikker udmelding

- Giv en uventet kompliment med kant

Når nogen prøver at udfordre dig, **skift rammen med ro og smil.**

Mål:
Træn dominans under pres. Ingen forklaringer. Ingen reaktioner.

Dag 5 – Gør noget ubehageligt socialt

Opgave:
Opsøg en situation, der gør dig nervøs – og **angrib den.**
Eksempler:

- Tal med en fremmed kvinde

- Tag ordet i en gruppe

- Stil dig frem og sig din mening

Mål:
Udfordr din sociale komfortzone. Byg styrke gennem ubehag.

Dag 6 – Afvis noget svagt

Opgave:
Sig nej til en situation, hvor du normalt bøjer dig.
Sig nej til en invitation, en undskyldning, et behov for godkendelse.
Sig nej – uden forklaring.

Mål:
Træn kontrol. Træn respekt. Træn din evne til at sætte grænser.

Dag 7 – Før rummet

Opgave:
I dag skal du **lede**.
Tag initiativ i en samtale. Tag styring i en gruppe. Vær den, der bestemmer retningen.
Uden at bede om lov.

Mål:
Gå fra passiv til aktiv. Fra reaktiv til styrende.

EKSTRA: SOCIAL DOMINANS-DAGBOG

Hver aften i 7 dage skal du besvare:

1. Hvor dominerede jeg i dag?

2. Hvornår faldt jeg i gamle mønstre?

3. Hvad lærte jeg om mig selv – og om spillet?

Du lærer dominans ved bevidst refleksion.

Når du er færdig...

Du vil være skarpere. Roligere. Mere kontrolleret.
Du vil ikke længere bøje dig.
Du vil vide, hvordan du **styrer sociale situationer med få ord og stærk tilstedeværelse.**

DEL 3: MASKULIN IDENTITET & RETNING I LIVET

Kapitel 7: Find Dit Formål – Ellers Bliver Du En Slave

Uden retning vil du altid føle dig fortabt. Sådan skaber du et liv med mening.

En stærk mand uden formål er stadig svag

Du kan være stor, stærk, smuk og dominerende – men uden retning er du stadig ingenting.
Du er en motor uden rute. En kriger uden krig. En leder uden destination.

Og i mangel på et formål?
Så følger du andres.
Du bliver *brugt* af systemet, kvinder, venner, chefer, samfundet – alle, der har en dagsorden.
Du bliver slave – med stil, men uden styring.

Der er to slags mænd i verden: De, der følger – og de, der fører

De fleste mænd lever i "default mode".
De står op, går på arbejde, kommer hjem, ser serier, sover – og gentager.
De har intet klart mål, ingen vision, ingen mission.

Spørg dem: "Hvad kæmper du for?"
De svarer: "Tja... bare det at have det godt, vel?"

Det er ikke formål. Det er overlevelse.
En mand med formål **bryder mønstre. Han skaber. Han forfølger. Han bløder for sin sag.**

Uden formål = tomhed, afhængighed og selvdestruktion

Når du ikke ved, hvor du skal hen, begynder du at lede efter mening i lort:

- Kvinder, der ikke respekterer dig

- Dopamin fra skærme, spil og porno

- Alkohol, fest, narko

- Ideologier, der gør dig til offer

- Drømme om "frihed" uden retning

Du mister dig selv, fordi du aldrig har *fundet dig selv.*
Du reagerer på verden i stedet for at skabe den.
Og en mand, der ikke har noget at kæmpe for, vil altid blive styret af dem, der har.

Dine mål er ikke dit formål

Et mål kan være: "Jeg vil tjene en million."
Men når du gør det – hvad så?
Formål er dybere. Det er det, du kæmper for **selv når du ikke bliver belønnet.**
Selv når du bløder. Selv når du tvivler.

Et ægte maskulint formål er større end dig selv.
Det tvinger dig til at udvikle dig. Det gør dig farlig. Fokuseret. Frygtløs.

Målet kan være penge.
Men formålet er frihed.
Målet kan være muskler.
Men formålet er disciplin og respekt.
Formålet er brændstoffet – målet er bare destinationen.

Sådan finder du dit formål (og bygger din identitet på det)

Du behøver ikke finde svaret med det samme. Men du kan begynde at lede.
Her er 5 spørgsmål, du skal konfrontere dig selv med:

1. Hvad gør mig rasende?
Vrede er et kompas. Den afslører, hvad du vil ændre i verden.

2. Hvad kan jeg ikke lade være med at gøre – selv uden penge?
Din passion er ikke hobbyen. Det er det, du *ikke kan ignorere*, uanset om du bliver belønnet for det eller ej.

3. Hvad ville jeg forsvare med mit liv?
Det, du er villig til at dø for, er det, du burde leve for.

4. Hvad ville mit 80-årige jeg fortryde, at jeg aldrig gjorde?
Svar ærligt. Din frygt viser dig vejen.

5. Hvad gør mig stolt – som mand?
Ikke glad. *Stolt.* Der er forskel.

Når du har dit formål – bliver du umulig at stoppe

Verden kan tage alt fra dig.

Kvinder, penge, status, følgere, venner.

Men den kan **ikke tage dit formål**, hvis du ejer det.

Når du ved, hvorfor du står op – så falder du ikke for lort.

Når du ved, hvad du kæmper for – bliver du ustoppelig.

Når du handler ud fra mission – ikke følelser – bliver du en maskine.

Og det er den type mand, folk følger. Kvinder begærer. Og verden lytter til.

Kapitel 8: Byg Et Liv Andre Respekterer

Mandens rejse fra dreng til leder. Hvorfor du skal være den, folk ser op til.

Det handler ikke kun om dig – det handler om, hvad du udstråler

Du kan snakke om formål og disciplin hele dagen, men hvis **dit liv ikke afspejler det**, lytter ingen.
Verden respekterer ikke det, du siger. Den respekterer **det, du er. Det, du gør. Det, du skaber.**

Hvis du vil være en mand, folk lytter til, følger og respekterer, så skal du **bygge et liv, der taler for dig.**

Et liv, der udstråler:

- Retning

- Kontrol

- Standarder

- Magt

- Rammer

Din rejse starter med at dræbe drengen i dig

Du blev født som dreng. Men det betyder ikke, du automatisk bliver mand.
Du bliver mand den dag, du:

- Stopper med at søge godkendelse

- Tager fuldt ansvar for alt i dit liv

- Slår dine undskyldninger ihjel

- Gør det, du siger, du vil gøre

- Beskytter og bygger – i stedet for at tage og brokke dig

De fleste mænd i dag er bare ældre drenge.
Mænd i alder – men børn i beslutningstagning.
En mand bygger. En dreng ønsker.

Du skal være den, folk ser op til – ikke ned på

Du vil ikke bare være endnu en stemme i mængden. Du vil være
autoritet.
Du vil være ham, folk spørger til råds.
Ham, der går forrest.
Ham, hvis tilstedeværelse ændrer stemningen i et rum.

Men det kræver, at du **bygger et liv, der kan bære vægten af den
respekt.**

Det betyder:

- Din økonomi er under kontrol

- Din fysik viser selvrespekt og disciplin

- Dine relationer er stærke og gensidigt værdifulde

- Dine værdier er tydelige, og du *lever* efter dem

- Din tid bliver brugt med formål – ikke med passivitet

Du er ikke, hvad du siger – du er, hvad du tolererer

Du kan sige, du er en mand med standarder.
Men hvis du:

- Tillader bullshit fra kvinder

- Lader folk udnytte dig

- Ser lort, du burde sige fra overfor

- Bruger din tid på ligegyldighed
  ... så er dine handlinger i konflikt med dine ord.

Folk respekterer det, du tillader – ikke det, du siger, du står for.

Skær alt fra, der ikke matcher din vision.
Vær brutal i dit fokus.
Respekt starter med grænser.

Sådan bygger du et liv med respekt i praksis

1. Byg dig selv op fysisk, mentalt og økonomisk – dagligt
Din krop, din hjerne og din økonomi er grundlaget for din indflydelse.

2. Skab din egen base
En mand har sin egen base: sin bolig, sit hjem, sit "slot."
Du skal eje dine omgivelser – ikke være gæst i andres.

3. Omgiv dig med stærke mænd – og skær svage fra
Du bliver som dem, du omgås.
Find et broderskab. Skab det, hvis det ikke findes.

4. Hav klare principper og vis dem i handling
Folk skal kende dine værdier – ikke fordi du råber dem, men fordi du
lever dem.

5. Tænk langsigtet – og byg din legacy bevidst

Du bygger ikke for fredag aften. Du bygger for 5, 10, 20 år frem.

Kvinder, penge, oplevelser – det hele er bonus. **Din mission er centrum.**

En stærk mand tiltrækker – han jagter ikke

Når dit liv udstråler styrke, disciplin og retning, **kommer folk til dig.**

Du behøver ikke jagte. Du *vælger.*

Du bliver selektiv. Respektfuld. Men kompromisløs.

Folk mærker, at du ikke har brug for dem – men at du vælger dem.

Det er dét, der gør dig til leder. Ikke din stemme – men din struktur.

Kapitel 9: Kæmp For Noget Eller Fald For Alt

Hvordan du står fast på dine værdier. Svage mænd følger – stærke mænd skaber.

Manden uden værdier bliver blæst rundt som et blad i vinden

I en verden fyldt med larm, trends, sociale signaler og kulturelle storme, er **manden uden indre fundament dømt til at fejle**.

Han siger det, der er populært.

Han gør det, der er nemt.

Han følger dem, der skræmmer ham.

Han skifter holdning, afhængig af hvem han er sammen med.

Han bliver **intet**.

Og folk behandler ham derefter.

Verden respekterer ikke fleksible principper – den følger urokkelige mænd

Historien har aldrig fulgt mænd, der søgte godkendelse.

Den har fulgt mænd, der sagde:

- "Her står jeg."

- "Det her tolererer jeg ikke."

- "Det her er rigtigt, og jeg står ved det – også når det koster."

Uanset om det handlede om krig, forretning, ideologi eller personlig overlevelse.

Folk følger ikke dem, der ønsker at behage.

Folk følger dem, der **har en kerne – og nægter at forråde den**.

Hvad kæmper du for?

De fleste mænd i dag kæmper for... ingenting.
De kæmper ikke for frihed. Ikke for familie. Ikke for ære. Ikke for styrke.
Ikke for broderskab.
De følger bare strømmen.
Og ved du, hvad der sker med mænd, der ikke kæmper?

De falder for alt.

- De falder for politisk korrekt bullshit.

- De falder for kvinder, der ikke respekterer dem.

- De falder for arbejdsliv, de hader.

- De falder for afhængigheder, fordi de mangler kamp og fokus.

Du bliver styret, fordi du ikke styrer noget selv.

At stå fast betyder ikke at være stædig – det betyder at være bevidst

Folk vil sige:
"Du er for hård."
"Du er gammeldags."
"Du skal være mere åben."

Nej.
Du skal være klar. Klar i dit formål. Klar i dine standarder. Klar i dine værdier.

Når du har valgt dine værdier, er dit liv simpelt:

- Alt, der styrker dine værdier, får din energi.

- Alt, der modarbejder dem, bliver afvist.

Du slipper for drama, forvirring og manipulation.
Fordi **du har defineret dine egne regler.**

Sådan vælger du dine værdier – og sætter dem i sten

Stop med at google "core values".
Vælg ikke værdier, der lyder flotte. Vælg dem, der **passer til den mand, du ønsker at være.**

1. Hvad vil jeg være kendt for, når jeg dør?
Dét svar er din ledestjerne.

2. Hvilke principper er jeg villig til at miste alt for?
Hvis du ikke er villig til at kæmpe for det – er det ikke en værdi. Det er pynt.

3. Hvad nægter jeg at tolerere i mit liv?
Grænser er lige så vigtige som drømme. Dine "non-negotiables" skaber din identitet.

4. Hvad vil jeg give videre?
Hvilke værdier skal leve videre, selv når du er væk?

Skriv dem ned. Læs dem dagligt. **Beskyt dem som en kriger beskytter sin konge.**

At stå fast vil koste dig – men du betaler alligevel

At leve med værdier er ikke nemt.
Du vil blive testet. Misforstået. Udskammet. Forkastet.
Men du vil også blive **respekteret, husket og frygtet.**

Spørgsmålet er ikke: "Koster det noget?"
Spørgsmålet er: "Er det ikke dét værd?"

For du betaler **under alle omstændigheder**:

- Enten betaler du prisen for at stå fast.

- Eller du betaler prisen for at leve uden rygrad.

Og den sidste pris er den mest smertelige.
For den betaler du med skam, bitterhed og selvhad.

Maskulin styrke = værdier + handling + konsekvens

- Værdier = din retning

- Handling = dit ansvar

- Konsekvens = dit vilkår

Du står op for noget. Du handler på det. Og du tager konsekvensen –
uden at blinke.
Det er essensen af at være mand.

AFSLUTNING PÅ DEL 3: MASKULIN IDENTITET & RETNING I LIVET

HANDLINGSOPGAVE: DEFINÉR DIG SELV – ELLER VERDEN GØR DET FOR DIG

Du har nu:

- Lagt offermentaliteten bag dig

- Lært at dominere socialt

- Fundet dit formål

- Forstået, at du skal bygge et liv, der taler for sig selv

- Indset, at du SKAL stå fast på dine værdier

Men intet af det betyder noget, hvis du ikke **forankrer det i handling**.

Det her er ikke for drenge. Det er for mænd, der er klar til at **leve med bevidsthed og brutal ærlighed**.

DAG 1 – SKRIV DIT MANDSMANIFEST

Du skal skabe et dokument – ikke til Instagram, ikke til kvinder, ikke til dine venner.
Til dig selv.

Regler: Det skal skrives med papir og pen. Ikke på skærm. Håndskrift forankrer det i kroppen.

Det skal indeholde:

1. Mit formål er:
Svar i én, skarp sætning. Hvis du ikke kan formulere det kort, ejer du det ikke.

2. Mine 5 vigtigste værdier:
Ikke "venlighed" og "at være mig selv."
Tænk: disciplin, ære, frihed, styrke, loyalitet, sandhed, dominans – din kode.

3. Det her tolererer jeg ikke i mit liv længere:
Hvilke vaner, mennesker, tanker eller undskyldninger skal dø nu?

4. Det her vil jeg være kendt for, når jeg dør:
Din legacy starter i dag. Skriv den ned, som om den allerede er virkelighed.

5. De næste 3 handlinger jeg tager for at leve mit formål:
Konkrete skridt. Nu. Ikke "begynde snart." Gør det i dag.

DAG 2–7: LEV EFTER DET, DU HAR SKREVET

Hver morgen:

- Læs dit manifest højt

- Visualisér den mand, du har skrevet dig selv som

- Tag én handling, der beviser: *"Jeg er ham."*

Det kan være:

- At sige fra, hvor du normalt tier

- At fjerne en person, der holder dig tilbage

- At aflyse lort, der ikke matcher din mission

- At starte et projekt, du har udskudt

Du skal **gøre noget hver dag**, der flytter dig tættere på det liv, du beskrev.

EKSTRA: DRÆB DIN DRENG – RITUELT

Skriv et brev til den svage version af dig selv:

- Ham, der sagde ja for at blive accepteret

- Ham, der undskyldte for sin maskulinitet

- Ham, der levede for kvinder, dopamin og komfort

- Ham, der var bange for konflikt, for at stå fast, for at være farlig

Når du er færdig: brænd det. Riv det. Grav det ned.
Begrav drengen – og rejs dig som mand.

Når du er færdig...

Du vil:

- Have defineret dig selv

- Handle på dine egne værdier

- Tage aktiv styring over dit liv

- Fungere som leder, ikke følger

- Finde ro, fordi du ved, hvor du står – og ingen kan ryste dig

---

DEL 4: SELVDISCIPLIN & VANER

Kapitel 10: Motivation Er Lort, Disciplin Er Alt

Hvorfor motivation svigter dig. De mentale taktikker, der gør dig ustoppelig.

Motivation er en løgner i jakkesæt

Motivation føles fedt. Den rammer som et skud koffein:
Du ser en video, hører en podcast, læser en bog – og pludselig tror du, du kan erobre verden.
Men et par timer senere?
Du ligger på sofaen, scroller din hjerne i smadder, og tænker: *"Jeg starter i morgen."*

Motivation er en løgner.
Den får dig til at tro, du har ændret dig – uden at du faktisk har gjort noget.

Du fejler ikke, fordi du mangler motivation – du fejler, fordi du mangler struktur

Du har sagt det før:
"Jeg skal bare lige finde motivationen."
Men en rigtig mand venter ikke på motivation. Han **handler uanset hvad**.
Han har ikke brug for lyst – han har system. Han har vaner. Han har **disciplin.**

Motivation er følelsesstyret. Disciplin er beslutningsstyret.
Du føler ikke for at stå op kl. 05:30 – men du gør det.
Du har ikke lyst til at træne, men du løfter alligevel.

Du vil hellere se Netflix end arbejde – men du åbner computeren.
Det er dét, der gør dig farlig.

Disciplin gør dig fri

Ironisk nok tror folk, at disciplin er et fængsel.
De tænker:

- "Hvis jeg skal planlægge alt, har jeg ingen frihed."

- "Hvis jeg ikke må gøre, hvad jeg har lyst til, er det ikke sjovt."

Men virkeligheden er omvendt.
Frihed = kontrol.
Og du kan ikke kontrollere dit liv, hvis du ikke først lærer at kontrollere dig selv.

Den mand, der mestrer disciplin, er den mand, der:

- Har styr på sin krop

- Har styr på sin økonomi

- Har styr på sin tid

- Har styr på sine reaktioner

- Har styr på sin fremtid

Disciplin er en muskel – og du træner den hver dag

Folk tror, at disciplin er noget, du har – eller ikke har.
Forkert. Disciplin er en **muskel**. Og den skal **trænes**.

- Hver gang du siger nej til noget, du plejer at sige ja til – du bliver stærkere.

- Hver gang du gør det, du sagde, du ville gøre – du bliver skarpere.

- Hver gang du handler, selvom du ikke har lyst – du bliver farligere.

Disciplin starter i det små – og skaber den version af dig, du drømmer om.

Disciplin starter med at gøre det uforhandleligt

Du skal fjerne forhandling fra dit liv.
Når vækkeuret ringer – du står op.
Når det er træningstid – du træner.
Når det er tid til arbejde – du arbejder.
Ingen "hvordan har jeg det i dag?"
Følelser er irrelevante. Handling er alt.

Fem taktikker til brutal disciplin

1. Planlæg din dag som en krigsstrateg
Hver aften: skriv ned, hvad du skal vinde i morgen.
Hver morgen: følg planen. Ikke stemningen.

2. Lav dine vaner uundgåelige
Læg træningstøjet frem. Log af sociale medier. Tøm køkkenet for junk.
Gør det, der gør det *nemt at gøre det rigtige – og svært at fejle.*

3. Brug smerte og skam som våben
Forbind konsekvens til dovenskab. Fortæl nogen om dine mål. Giv dem lov til at kalde dig ud.

4. Se disciplin som identitet – ikke handling

Du træner ikke bare. **Du er en mand, der træner.**

Du arbejder ikke bare. **Du er en mand, der bygger.**

5. Gør det værre at fejle end at lide

Det skal gøre ondt ikke at leve op til dine egne standarder.

Det skal gøre ondt at se dig selv i spejlet og vide, du svigtede dig selv.

Mænd med disciplin skaber alt det, andre kun drømmer om

Folk drømmer om frihed, styrke, penge, respekt.

Men de nægter at gøre det nødvendige.

Du får ikke resultater, fordi du er speciel.

Du får det, fordi du **gjorde lortet, de andre undgik.**

Du gjorde det, da det var hårdt.

Du gjorde det, da du var træt.

Du gjorde det, da du ikke havde lyst.

Og det er dét, der skaber **respekt, resultater og rå maskulin styrke.**

Kapitel 11: Knæk Vanekoden Og Bliv En Maskine

Hvordan du bygger disciplin på autopilot. Systemer, der sikrer din succes.

Det handler ikke om viljestyrke – det handler om struktur

Hvis du hver dag skal "tage dig sammen," taber du.
Hvis du skal diskutere med dig selv om du skal træne, spise sundt, arbejde – taber du.

Vinderen fjerner valget.

Han har systemer. Rytmer. Rammer.
Han **træffer ikke beslutninger – han følger en kode.**

Du har nok viljestyrke til én dag. Måske to.
Men det er **dine vaner**, der afgør, hvem du bliver på lang sigt.

Du er summen af det, du gør – ikke det, du tænker

Dine tanker betyder intet, hvis dine handlinger siger noget andet.
Du kan tænke som en vinder – og stadig leve som en taber.
Fordi **dine vaner ikke bakker op om din identitet.**

Vil du være stærk? Så træn dagligt.
Vil du være succesfuld? Så arbejd strategisk hver dag.
Vil du være frygtløs? Så opsøg ubehag systematisk.
Vil du være disciplineret? Så skab vaner, der ikke tillader svaghed.

Vaner er hjernevask – og du skal vaske dig selv ren for lort

Alt du gør gentagne gange, bliver hardcoded i din hjerne:

- Hvordan du reagerer på stress

- Hvordan du håndterer modgang

- Hvad du spiser

- Hvad du siger til dig selv

- Hvordan du bevæger dig i verden

Derfor skal du **slette de gamle scripts og skrive nye.**

Du er ikke bare den mand, du er i dag – du er den mand, du programmerer dig selv til at være i morgen.

Sådan skaber du uknuselige vaner – trin for trin

1. Start med identitet – ikke resultat
Spørg ikke "hvordan bliver jeg fit?"
Spørg: "Hvordan lever en mand, der respekterer sin krop?"
Du ændrer vaner hurtigst, når du ændrer den måde, du ser dig selv på.

2. Gør starten latterligt nem
Vil du læse dagligt? Start med én side.
Vil du træne? Start med 10 minutter.
Det handler ikke om volumen. Det handler om konsistens.

3. Knyt vanen til en eksisterende rutine

- Efter jeg børster tænder → laver jeg 10 armbøjninger

- Når jeg laver kaffe → skriver jeg mit dagsskema
  Vaner hægter sig bedst fast på det, du allerede gør.

4. Fjern alt fristende lort

Miljøet vinder over viljestyrken.

- Har du junk i køkkenet? Du spiser det.

- Har du Instagram på din telefon? Du scroller.

- Har du en seng uden alarm væk fra sengen? Du sover videre.
  Fjern fristelser – og du slipper for kamp.

5. Spor og beløn systemet – ikke resultatet

Fejr, at du **gjorde det**, ikke at det føltes godt.
Succes er gentagelse – ikke begejstring.

Gør dine vaner til ritualer – og skab en krigers hverdag

Dine vaner er ikke bare "ting, du gør."
De er **ritualer, der skaber din maskuline styrke.**

Eksempel:

- Væk kl. 05:30 → isbad → træning → planlægning → fokuseret arbejde

- Ingen telefon før kl. 12

- Protein og grønt til hvert måltid

- Aftenrefleksion og målopfølgning

Ikke fordi det er "influencer-agtigt."
Fordi **du er en mand med standarder – og det ses i din struktur.**

Tre vaner, du SKAL eje – og aldrig fucke op

1. Daglig fysisk træning
Ikke bare for kroppen – men for dit sind.
Disciplin starter med at overvinde kroppen dagligt.

2. Systematisk planlægning
Hvis du ikke styrer din dag, styrer den dig.
Hver aften: plan i morgen. Hver morgen: udfør.

3. Konstant opfølgning og refleksion
Hvad gik godt? Hvad gik skævt? Hvad justerer du?
Du vinder ikke ved at gætte. Du vinder ved at *justere konstant*.

Gentagelse er din gud. Vaner er din religion. Og struktur er din kirke.

Manden, der lever efter principper og vaner – ikke følelser og impulser –
bliver farlig.

Kapitel 12: Stop Med At Spilde Din Tid På Lort

Hvad du skal eliminere fra dit liv. Hvorfor produktivitet skaber frihed.

Din tid er dit liv – og du kaster det væk på ingenting

Forestil dig, at nogen stjal 6 timer fra dig hver dag.
Du ville flå hovedet af dem, ikke?
Men det sker allerede – du gør det bare selv.

- Du scroller i 45 minutter, uden at opdage det.

- Du ser "lige ét afsnit mere" til kl. 01.00.

- Du siger ja til ligegyldige aftaler.

- Du tjekker din telefon 100 gange om dagen.

- Du lader dig afbryde konstant, uden at komme nogen vegne.

Du saboterer dit eget liv – med dine egne hænder.

Dine handlinger afslører, hvad du prioriterer – ikke dine ord

Du kan snakke om drømme, disciplin og missioner.
Men hvis din skærmtid er 5 timer om dagen, og du ikke ved, hvad du brugte din aften på – **du lyver.**

- Du siger, du vil være stærk – men træner ikke.

- Du siger, du vil være rig – men bruger timer på YouTube og 0 minutter på strategi.

- Du siger, du vil være fri – men bruger din energi på andres drama.

Alt du siger, er ligegyldigt, hvis dine vaner siger det modsatte.

Produktivitet er ikke arbejde – det er eliminering

De fleste tror, produktivitet handler om at lave mere.
Nej.
Det handler om at **fjerne alt, der ikke fører dig mod dit formål.**

Mænd, der vinder, har ét fællestræk:
De beskytter deres tid som en kriger beskytter sit territorium.

- De siger nej 1000 gange for at sige ja til én ting.

- De arbejder med fokus – ikke multitasking.

- De tjekker ikke notifikationer. Verden må vente.

Her er, hvad du skal eliminere – NU

1. Udisciplineret skærmbrug
Din telefon er ikke et værktøj. Den er en fælde.
Skærmtid skal styres – ikke styre dig.

Løsning:

- Ingen telefon de første 60 minutter om morgenen

- 0 sociale medier før kl. 12

- Slet alle apps, der ikke tjener dit formål

2. Tidsslugende mennesker

Folk, der snakker, men aldrig handler.
Folk, der trækker dig ned med drama og ligegyldighed.

Løsning:

- Skær relationer væk, der ikke giver dig energi eller respekt

- Erstat dem med mennesker, der bygger

3. Overforbrug af underholdning

Film, serier, spil – det dræner din ild.
Underholdning er belønning, ikke baseline.

Løsning:

- 0 underholdning, før dine mål er ramt

- Begræns til én dag om ugen – maks

4. Uplanlagte dage

En mand uden dagsplan er som et skib uden kompas.
Du flyder – og bliver knust af tidevandet.

Løsning:

- Planlæg hver aften. Gennemfør hver morgen.

Tre principper til et fokuseret liv

1. Hver time skal tjene dit formål

Enten bygger du kroppen, hjernen, forretningen, friheden – eller også smadrer du den.

2. "Nej" er din nye yndlingssætning

Hver gang du siger ja til noget ligegyldigt, siger du nej til noget vigtigt.

3. Systemér alt, du kan

Gør mad, træning, indkøb og arbejde til rytmer.

Automatisér beslutninger. Bevar viljestyrken til det, der betyder noget.

Mænd, der bruger tiden rigtigt, vinder uden konkurrence

De fleste mænd vil have meget – men lever som om de har uendelig tid.
De udsætter. De sover. De fylder deres dage med intet.

Den mand, der **bruger tiden brutalt effektivt**, bliver livsfarlig.
Han vinder, mens de andre sover.
Han bygger, mens de andre fester.
Han fokuserer, mens de andre forvirres.

AFSLUTNING PÅ DEL 4: SELVDISCIPLIN & VANER

HANDLINGSOPGAVE: OPBYG DIN KRIGSSTRUKTUR – OG LEV EFTER DEN

Du har lært:

- At motivation er en illusion

- At disciplin starter med uforhandlelige valg

- At vaner skaber identitet

- At struktur frigør dig

- At du ikke har råd til at spilde din tid på lort

Men viden uden implementering er impotens.
Nu bygger du et system, der *tvinger dig* til at dominere – uanset lyst, stemning eller undskyldninger.

DAG 1: PLANLÆG DIT SYSTEM

Sæt dig i total stilhed. Papir og pen. Ikke skærm.

Skriv følgende ned:

1. Mine ikke-forhandlelige daglige ritualer:
(Min. 5 stk – fx: stå op kl. 05:30, træne, planlægge, refleksion, ingen sociale medier før kl. 12)

2. Mine 3 vigtigste vaner, jeg skal bygge ind i mit liv nu:
(Fx: 60 min dybt arbejde dagligt, protein til hvert måltid, 30 min læsning)

3. Hvad jeg *spilder tid på* i dag – og hvad jeg *eliminere fra mit liv med det samme*
(Fx: TikTok, junkfood, folk uden formål, Netflix midt i ugen)

4. Min ideelle dagsstruktur – time for time

Lav en realistisk, men kompromisløs plan for hverdage.

5. Min ugentlige "disciplin-check-in"

Bestem en fast dag og tid (fx søndag kl. 18) til at evaluere dig selv. Brug 3 spørgsmål:

- Holdt jeg min krigsstruktur?

- Hvor fejlede jeg – og hvorfor?

- Hvad optimerer jeg næste uge?

DAG 2–7: IMPLEMENTÉR SOM EN MASKINE

Nu kommer testen.
I 6 dage følger du planen **uden undtagelse.**

- Når du ikke har lyst → du handler.

- Når du føler dig træt → du handler.

- Når du fristes → du handler.

Du tæsker hver vane igennem, indtil den ikke længere føles svær. Den føles normal. Automatisk. Maskinel.

EKSTRA: STRAF & REWARD-SYSTEM

Du er mand. Du forstår konsekvens.

Straffen hvis du fejler (uden god grund):

- Donér penge til noget, du hader

- Fjern underholdning i 3 dage

- Udfør en fysisk straf: 100 burpees, løb 5 km, etc.

Reward hvis du gennemfører:

- En præmie, der matcher din mission (nyt træningsgear, bog, oplevelse – aldrig dopaminjunk)

- Et aftenritual med ro og refleksion

- Mål fremgang. Ros dig selv – men planlæg næste fase

Når du er færdig...

Du vil:

- Være blevet en mand, der handler uanset følelse

- Have vaner, der bygger dig automatisk

- Have fjernet det, der holdt dig svag

- Være én dag tættere på den maskine, du er skabt til at være

---

DEL 5: OVERLEVELSE I DATING & RELATIONER

Kapitel 13: Mænd Jager, Kvinder Vælger

Sandheden om, hvordan tiltrækning fungerer. Fejlene mænd begår i dating.

Du er ikke hendes førstevalg – medmindre du gør dig selv til det

Det, ingen fortalte dig:
Kvinder vælger. Mænd jagter.
Det betyder ikke, du skal tigge, bukke og please.
Det betyder, du skal **blive så stærk, at hun ikke kan ignorere dig** – og så selektiv, at det er dig, der vælger til sidst.

Du kan være nok så flink, intelligent og "forstående".
Hvis du ikke aktiverer hendes *instinktive tiltrækning*, er du bare endnu en god ven.

Tiltrækning er ikke en samtale – det er en følelse

Kvinder vælger ikke med logik – de vælger med *instinkt*.
De bliver tiltrukket af:

- Mænd med **retning**

- Mænd med **kontrol**

- Mænd med **selvrespekt**

- Mænd, der **ikke prøver** at imponere

- Mænd, der **kan sige nej**

Hvis du tror, du kan tale dig til hendes lyst – du taber.
Hvis hun mærker din usikkerhed, mangel på maskulinitet eller desperate energi – det er slut, før det begyndte.

De klassiske fejl mænd begår

1. De gør for meget for hende
Du sender blomster, skriver konstant, ændrer planer – *du underkaster dig*.
Og du mister din værdi i hendes øjne.

2. De spørger om lov til at være mænd
"Er det okay, jeg siger det?"
"Er du enig i det her?"
Hun mærker det: du leder ikke. Du følger.

3. De smider deres mission ud af vinduet for en kvinde
Du træner mindre. Du arbejder mindre. Du prioriterer hende over din retning.
Det dræber tiltrækning.

4. De kommunikerer som søgende drenge, ikke selektive mænd
Du fortæller hende, hvor heldig du føler dig over at "få en chance."
Du har allerede tabt spillet.

Kvinder vil vælges – men af en mand, der kan vælge hvem som helst

Jo stærkere og mere værdifuld du er, jo mere selektiv skal du være.
Du vender dynamikken, når du siger:
"Jeg har standarder. Du skal leve op til dem."
Ikke højt. Men i dit blik, din attitude, din adfærd.

Når hun mærker:

- At du ikke er bange for at gå

- At du har dit eget liv

- At du har valg
  Så bliver du interessant.

Kvinder jagter ikke mænd, der jagter dem.
De jagter mænd, der er jagtbare – men **ufatteligt svære at få.**

Dating er ikke et eventyr – det er strategi og kontrol

Du skal aldrig være følelsesmæssigt investeret, før hun har **bevist** sin værdi over tid.
Du tester hende lige så meget, som hun tester dig.
Du observerer:

- Hendes respekt

- Hendes adfærd

- Hendes stabilitet

- Hendes evne til at støtte, ikke sabotere

Du er **manden med værdien** – og du investerer kun, hvis hun lever op til dine krav.

Fem principper du skal leve efter i dating

1. Du er prisen – altid
Du bringer maskulin styrke, retning og kontrol. Det har højere værdi end skønhed, der findes overalt.

2. Tal mindre – vis mere
Ingen romaner i chatten. Intet behov for overforklaring. Dit liv skal vise din styrke.

3. Hold din mission foran relationen – altid
Din karriere, dit kald, din krop og din udvikling kommer først. Hver gang.

4. Vær tålmodig – og observer
Kvinder kan fake det meste i 30 dage. De færreste kan fake respekt i 60.

5. Træk dig hurtigt fra disrespect
Ingen drama. Ingen diskussion. Et koldt exit signalerer power.

Kapitel 14: Sådan Stopper Du Med At Være Desperat

Hvordan du bliver manden, kvinder jagter. Taktikker til at bevare din power i relationer.

Desperation er den mest frastødende duft, en mand kan udsende

Kvinder kan mærke det.
Ikke hvad du siger – men hvordan du **er**.
Din energi, dit blik, din adfærd afslører alt.

- Hvis du prøver for meget, mister du hende.

- Hvis du jagter for hårdt, skræmmer du hende.

- Hvis du kommunikerer som en, der er *heldig* at få hendes tid, sletter du din værdi.

Desperation er anti-tiltrækning.

Du virker desperat, når du sætter hende over dig selv

Det starter i det små:

- Du tjekker din telefon hvert 5. minut.

- Du ændrer dine planer for at passe ind i hendes.

- Du spørger: *"Er alt okay?"* når hun trækker sig.

- Du frygter hendes stilhed mere, end du frygter at miste dig selv.

Du har lige givet hende **magten.**
Og ingen kvinde vil have magten over en mand – hun vil have en mand,
der **styrer sig selv.**

Power i relationer = Indre ro + Evnen til at gå væk

Du vil først blive stærk i dating, den dag du forstår én ting:

Du har ikke brug for nogen – du vælger, hvem du vil have med.

Det betyder:

- Du har dit eget liv.

- Du har muligheder.

- Du kan gå væk – *når som helst, uden drama.*

- Du handler ikke ud fra frygt – men ud fra **principper.**

Hvis hun ghoster dig, tester dig eller trækker sig – du forbliver rolig.
Du svarer ikke straks. Du tigger ikke. Du klamrer ikke.
Du **venter. Observerer. Trækker dig værdigt, hvis det er nødvendigt.**

Kvinder tester din frame – og de respekterer kun dem, der holder den

Kvindelig psykologi er ikke ondsindet – den er **biologisk.**

Hun tester dig, fordi hun vil vide:

- *"Kan jeg stole på, at han ikke knækker?"*

- *"Kan han håndtere pres?"*

- *"Er han stærkere end mig – mentalt?"*

Hvis du overreagerer, bliver vred, needy eller forklarende – du fejler testen.

Hvis du holder roen, smiler og står fast – hun **føler sig tryg** og **tiltrukket**.

---

5 konkrete taktikker til at bevare din power

1. Reager langsommere end du har lyst til
Hvis du er i tvivl – vent. Ingen hurtige beskeder. Ingen hurtige svar.
Tænk strategi – ikke følelse.

2. Brug din tid selektivt
Du giver ikke hele din kalender til en kvinde, du knap nok kender.
Din tid er hellig. Du vælger, hvornår – og hvis ikke, så ikke.

3. Kommunikér som en mand med muligheder
Du skriver ikke essays. Du skriver kort, klart og uden behov for bekræftelse.
Du skaber *følelse*, ikke bare *forbindelse*.

4. Træk dig ved disrespect – uden at forklare
Du tolererer ikke dårlige attituder, test uden balance eller manipulation.
Du *går – uden at larme.* Det gør dig farlig.

5. Hold fokus på din mission – ikke hendes mening
Hun er *ikke målet.* Hun er *en mulig bonus.*
Dit liv, din krop, din frihed, din økonomi, dit brændende formål – dét er målet.

Den stærkeste position: Du har intet at bevise – og alt at vælge

Når du **er rolig i dig selv**, når du **kan gå væk uden at blinke**, når du **vælger med standarder** –
så bliver du den mand, kvinder jagter. Ikke for at få dig – men for at blive valgt af dig.

Kapitel 15: Testspil – Hvorfor Kvinder Tester Dig, Og Hvordan Du Består

Forstå kvindelig psykologi og shit-tests. Sådan bevarer du din maskuline frame.

Kvinder tester ikke for sjov – de tester for overlevelse

Du tror måske, hun er urimelig, uforudsigelig eller "mærkelig."
Men det er ikke det, der sker.

Hun **tester dig.**

Ikke fordi hun vil genere dig.
Men fordi hendes instinkt spørger:

"Er han stærk nok til at lede mig – eller vil han kollapse, så snart jeg presser ham?"

Det er **biologi. Evolution. Overlevelse.**
Hun er designet til at finde den stærkeste mand – mentalt, følelsesmæssigt og energetisk.
Hvis du knækker?
Hun kan ikke stole på dig. Hun kan ikke begære dig. Hun kan ikke respektere dig.

En "shit-test" er en kvindes måde at spørge: "Er du en mand eller en dreng?"

Det er aldrig spørgsmålet, der betyder noget.
Det er *din reaktion*, der afgør, om du består eller fejler.

Eksempler:

- "Du går virkelig op i dig selv, hva?"

- "Så du er typen, der dater flere?"

- "Måske burde du finde en pige, der er nemmere…"

- Hun ignorerer dig pludseligt, afbryder, brokker sig eller skaber drama uden grund

Hun siger ikke: "Er du maskulin nok til at lede mig?"
Men hun spørger **indirekte** – med attitude, timing og ordvalg.

Hvis du forklarer dig, reagerer for stærkt eller bliver usikker – du taber

En shit-test handler ikke om at få svar – det handler om at se din *reaktion*.
Derfor fejler de fleste mænd:

- De forsvarer sig.

- De forklarer sig.

- De bliver irriterede.

- De trækker sig følelsesmæssigt.

Alt dette skriger: *"Du fik mig ud af balance. Jeg er ikke stabil."*
Og med det samme – hendes respekt falder. Hendes tiltrækning dør.

Sådan består du alle shit-tests – og vender dem til dominans

1. Bevar roen. Altid.
Når du virker urystelig, udstråler du *styrke*.
Pause. Smil. Læn dig lidt tilbage.
Ingen panik. Ingen reaktion. **Maskinen kører videre.**

2. Vend rammen – med selvsikkerhed og tør humor

Eksempel:

- Hende: "Du er nok bare ude på én ting."

- Dig: "Du skulle være heldig, hvis det var tilfældet." (smil og stilhed)

Du signalerer: *"Jeg bestemmer rammen. Du følger."*

3. Brug selvironi – men som et våben, ikke som underkastelse

Du kan anerkende testen med et glimt i øjet, men aldrig som en undskyldning.

Eksempel:

- Hende: "Du tror virkelig, du er noget, hva?"

- Dig: "Kun på hverdage."

Du bevarer kontrollen og viser, du ikke kan rystes.

4. Afvis testen helt – og skift emnet med dominans

Hvis hun prøver at kontrollere samtalen med drama, test eller provokation:

Dig: *"Du må gerne prøve at teste mig, men det kommer ikke til at virke. Skal vi tale om noget spændende i stedet?"*

Det handler ikke om at vinde over hende – det handler om at stå fast i dig selv

Du tester ikke hende. Du prøver ikke at dominere hende med rå styrke. Du viser bare én ting:

"Min maskuline kerne kan ikke rystes."

Når du gør det?

- Hun respekterer dig.

- Hun føler sig tryg.

- Hun føler sig tiltrukket.

- Hun overgiver sig til din ramme.

Testene stopper aldrig – og det er godt

Kvinder stopper ikke med at teste, bare fordi I bliver kærester.
De tester resten af livet.
Fordi de har brug for at vide, at du **stadig er stærk. Stadig står fast.
Stadig er lederen.**

Hvis du er træt af at blive testet – du er ikke klar til at være mand.
Hvis du **elsker testen** – du er farlig.

AFSLUTNING PÅ DEL 5: OVERLEVELSE I DATING & RELATIONER

HANDLINGSOPGAVE: FRA BYTTE TIL JÆGER – SÅDAN BEHOLDER DU DIN POWER

Du har lært:

- At mænd jager, men kvinder vælger

- At tiltrækning er følelsesbaseret og styret af instinkt

- At desperation dræber din værdi

- At shit-tests er naturlige, og kun mænd med stærk frame består

- At du skal vælge kvinder – ikke blive valgt

Men intet ændrer sig, hvis du stadig kommunikerer og opfører dig som en mand, der *tager, hvad han kan få*, i stedet for at **vælge, hvad han vil have**.

UGEOPGAVE: DOMINÉR DATINGSPILLET – MED STYRING, IKKE STRESS

Dag 1: Dine datingprincipper

Sæt dig med papir og pen – skriv følgende:

1. Hvad er mine 3 vigtigste kriterier for kvinder i mit liv?
(Ex: Loyalitet, intelligens, femininitet, stabilitet, ambition, ægthed – dine standarder)

2. Hvad tolererer jeg aldrig igen?
(Ex: Manipulation, disrespect, drama, følelsesmæssig ustabilitet)

3. Hvordan kommunikerer en maskulin mand, der vælger – ikke søger?
Skriv 3 konkrete kommunikationsprincipper ned:

(Fx: Jeg svarer ikke med det samme. Jeg forklarer aldrig mig selv. Jeg stiller krav.)

Dag 2: Fjern desperate mønstre

Auditér dine seneste beskeder, dates, relationer:

- Har du skrevet for meget?

- Har du reageret for hurtigt?

- Har du forsøgt at overbevise i stedet for at selektere?

Din opgave:

1. Slet gamle chats, der ikke længere gavner dig.

2. Afslut kontakt med kvinder, der ikke respekterer dig.

3. Lav en ny grundregel:

"Jeg jagter aldrig. Jeg observerer, leder – og vælger."

Dag 3–6: Træn shit-test domination

I 4 dage skal du:

- Bevidst opsøge kvindelig kommunikation (dating apps, virkelige interaktioner)

- Notér hver gang, du mærker en test eller provokation

- Reager bevidst:

  o Roligt

  o Med tør humor

  o Eller ved at vende rammen

Eksempler du skal træne:

- "Er du altid så selvsikker?"
  → "Kun når jeg er vågen." (pause og blik)

- "Du er nok bare ude på sex?"
  → "Hvem sagde, jeg var interesseret?" (smil)

- "Det virker lidt arrogant..."
  → "Det kaldes bare standarder."

Dag 7: Evaluér og bekræft din nye identitet

Svar skriftligt på:

- Hvad gjorde jeg anderledes denne uge?

- Hvordan føltes det at stå fast i min maskuline frame?

- Hvor har jeg stadig tilbøjelighed til at falde i gamle mønstre?

- Hvad skal jeg justere for at blive endnu skarpere?

Læs herefter dine datingprincipper fra dag 1 højt for dig selv.
Gentag:

"Jeg er manden, kvinder vil have – ikke manden, der prøver at blive valgt."

Når du har gennemført opgaven...

Du vil:

- Forstå kvindelig psykologi uden illusioner

- Være fri for desperate impulser

- Kontrollere din kommunikation og tilstedeværelse

- Bestå shit-tests som en leg

- Have en frame, der ikke bøjer – og derfor tiltrækker

DEL 6: FYSISK STYRKE & PERFORMANCE

Kapitel 16: Din Krop Er Dit Fundament

Hvorfor en stærk krop skaber en stærk mentalitet. Hvad kvinder ser som attraktivt i en mand.

Du kan ikke dominere verden, hvis du ikke kan dominere din egen krop

Du siger, du har disciplin?
Du siger, du vil have respekt?
Du siger, du er en leder?

Så spørg dig selv:

"Udstråler min krop det, jeg påstår, jeg er?"

Hvis du ikke kan kontrollere, hvad du spiser, hvordan du bevæger dig og hvornår du står op –
du kontrollerer intet.
Din krop er **den fysiske manifestation af din mentale tilstand.**

Er du svag, blød, slap og træt? Sådan er dit sind også.

En stærk mand kan mærkes – før han siger ét ord

Folk ser dig an med det samme.
Før du åbner munden. Før du præsenterer dig. Før du fortæller, hvad du laver.

Din fysik sender signalet:

- "Han er i kontrol."

- "Han har styr på sig selv."

- "Han er en mand, man ikke lige fucker med."

Du bliver ikke bare set. Du bliver **respekteret.**

Det er ikke bodybuilder-looket, kvinder vil have – det er **manden, der ser ud som om han kan beskytte, føre og knuse modstand.**

En krop i kontrol skaber et sind i kontrol

Du tror, du træner for sixpack? Forkert.
Du træner for:

- **Disciplin:** Fordi du møder op, selv når du ikke gider.

- **Respekt:** Fordi du beviser for dig selv, at du har standarder.

- **Power:** Fordi styrke er overførbar – fysisk som mentalt.

- **Stabilitet:** Fordi træning regulerer dit humør, stress og energi.

Fysisk styrke er ikke forfængelighed.
Det er **fundamentet for alt, du vil opnå som mand.**

Din krop afspejler, hvad du prioriterer

Du kan ikke skjule den.
Du kan tale om mindset, disciplin og mål – men hvis du ikke har styr på din krop, afslører du, at det hele er snak.

Spørg dig selv:

- Er jeg i den fysiske form, der matcher mit ambitionsniveau?

- Kunne jeg beskytte nogen i en krisesituation?

- Udstråler jeg fare, fokus og styrke – eller ligegyldighed?

Du er ikke for travl. Du er for **blød**.
Folk med deadlines, forretninger og børn træner stadig. Fordi de **må**.

Kvinder respekterer det, mænd frygter det, og du har brug for det

En stærk mand:

- **Tiltrækker kvinder:** Ikke kun pga. muskler, men fordi han *signalerer dominans og evne.*

- **Får respekt fra mænd:** Fordi de ved, at han har gjort det, de ikke gider.

- **Får selvtillid:** Ikke af spejlbilledet – men af den konstante *selvkontrol.*

- **Handler med styrke:** Fordi han ved, at han fysisk og mentalt kan holde til pres.

Hvis du vil have verden til at tage dig alvorligt, så **start med at tage din krop alvorligt.**

Kapitel 17: Træn Som En Kriger, Ikke En Fitness-Influencer

De bedste træningsprincipper for maskulin styrke. Hvordan du træner effektivt uden at spilde tid.

Fitnessbranchen vil gøre dig feminin og forvirret

Du tror, du træner hårdt, fordi du følger en influencer, der laver 50 kabeløvelser for biceps og filmer sit spejl.
Men det gør dig ikke stærk. Det gør dig **blød og pyntet.**

Fitnessverdenen sælger dig:

- "Mind-muscle connection" over brutal progression

- "Form før vægt" som en undskyldning for at undgå smerte

- "Hypertrofi-cyklusser" og "pump-træning", der ikke gør dig farlig – kun oppustet

Du skal træne for én ting:
Styrke, kapacitet og dominans.
Ikke "esthetic physique." Ikke "booty day." Ikke "recovery yoga."

En kriger træner med ét formål: At være klar til kamp

Du skal kunne:

- Skubbe vægt, løfte tungt, bære din krop og dominere fysisk

- Fungere, når du er presset, træt, sulten eller vred

- Udholde smerte og blive farligere, når det gør ondt

Din træning er **mental programmering forklædt som fysisk belastning.**
Du presser kroppen – og dit sind følger med.

Fire træningsprincipper til en maskulin krop

1. Progressiv overbelastning – eller du spilder din tid
Hvis du ikke løfter tungere, hårdere eller med mere kontrol hver uge – du udvikler dig ikke.
Træning er ikke underholdning. Det er krigsopbygning.

2. Træn det, der gør dig funktionel og respektindgydende

- Squat
- Dødløft
- Pres
- Træk
- Kropsvægt
- Bæreevne
  Du skal kunne bevæge dig som et rovdyr – ikke bare se pumpet ud i spejlet.

3. Lav volumen, når du har bygget styrke – ikke før
Du starter med styrke: 3–5 sæt á 3–6 reps.
Når du kan løfte som en mand, tilføjer du volumen: 4–5 sæt á 8–12 reps.
Pump uden styrke = pynt uden kraft.

4. Træn hårdere, end du har lyst – hver gang
Den sidste rep, der gør ondt, er *starten på resultaterne.*
Komfortabel træning er ikke træning. Det er bevægelse.
Du skal have sved, smerte og puls. Hver gang.

Split? Full-body? Push-pull? Fuck det. Det handler om intention

Det vigtige er ikke din split. Det er:

- At du møder op 4–6 gange om ugen
- At du træner ben, ryg, bryst og core regelmæssigt
- At du ikke undgår det hårde

Vil du noget simpelt, brutalt og effektivt?

Eksempel på kriger-uge:

- Mandag: Full-body styrke (tungt)
- Tirsdag: Kropsvægt og kondition (cirkeltræning)
- Onsdag: Push (bryst/skulder/triceps) + core
- Torsdag: Pull (ryg/biceps) + loaded carries
- Fredag: Legs (squat, lunges, sprints)
- Lørdag: Valgfri kampdag (sparring, HIIT, strongman-style)
- Søndag: Hvile – men aktiv (gå, stræk, mobilitet)

Spis som en kriger. Træn som en trussel. Sov som en maskine.

Det hele hænger sammen.
Du træner ikke for at være sund – du træner for at **blive stærk nok til at tage det, du vil have.**

Din krop er ikke pynt – den er rustning.
Hvis du har overskud til sjov og spas i centret, træner du ikke hårdt nok.

Kapitel 18: Spis, Sov, Dominer

De tre vigtigste faktorer for fysisk og mental performance. Optimering af søvn, kost og restitution.

Du kan ikke bygge noget, hvis du ikke giver kroppen de rette våben

Træning er kun én del af ligningen.
Hvis du ikke sover nok, spiser rigtigt eller restituerer, **bliver du ikke stærkere – du bliver smadret.**

Du vokser ikke under vægten. Du vokser, **når du har overlevet den.**
Og det kræver:

- Rå brændstof (mad)

- Hård nulstilling (søvn)

- Strategisk pause (restitution)

KOST: Mad er din benzin – eller din fjende

Du er ikke et barn. Du har ikke råd til at spise som en.
Det du putter i munden, **afgør din energi, din fysik og din mentale skarphed.**

Grundregler for krigermad:

1. Spis primært protein og grønt
Hver tallerken:

- Kød (æg, kylling, oksekød, fisk)

- Grøntsager (mørke, fiberrige)

- Tilføj lidt ris, kartofler, bær eller nødder efter behov

2. Undgå sukker, alkohol og alt, der fjerner kontrol

Junkfood = ukontrolleret dopamin = ukontrolleret mand
Du træner ikke for at "fortjene" kage. Du spiser for at bygge et våben.

3. Spis efter din mission, ikke efter dine følelser

Har du brug for energi? Fokus? Vækst?
Spis ud fra formål – ikke smag.

SØVN: Dine gains ligger i mørket

Du kan træne som et dyr – men hvis du sover som et offer, **spilder du dit arbejde.**
Søvn er ikke "hvile." Det er **hjernevask, testosteronproduktion, reparation og mental nulstilling.**

Brutale søvnprincipper:

1. 7–9 timer – eller du går baglæns

Ja, hver nat. Nej, du er ikke "et unikt tilfælde". Du er bare doven.

2. Ingen skærm én time før sengetid

Lys og dopamin forstyrrer din produktion af melatonin og testosteron.

3. Fast sengetid = fast sind

Du går i seng som en maskine. Ikke som en teenager med Netflix og chips.

4. Sov i mørke, stilhed og kulde

Din hule skal være sort. Kold. Død. Ikke et diskotek.

RESTITUTION: Pausen, der gør dig farlig

Restitution handler ikke om dovenskab.
Det handler om **strategisk timing af pause**, så du vender stærkere tilbage
– hver gang.

1. Aktiv restitution > passiv lammelse
På hviledage:

- Gå

- Stræk

- Lav mobilitet

- Lav kulde- og varmeterapi

- Reflektér og planlæg

2. Planlæg dine pauser – ligesom din træning
Du restituerer med struktur. Ikke "jeg ser, hvad jeg har lyst til."
Hvile er en del af din krigsstrategi.

3. Forstå træthedssignaler – men overhør svaghed
Der er forskel på:

- "Min krop har brug for pause"

- "Jeg gider ikke"
  Den sidste er ikke restitution. Det er kapitulation.

Optimering = dominans

- Du spiser som en mand med mål.

- Du sover som en maskine med mission.

- Du restituerer som en kriger mellem slag.

Du tager kontrol over alt, de fleste lader styre dem.

AFSLUTNING PÅ DEL 6: FYSISK STYRKE & PERFORMANCE

HANDLINGSOPGAVE: BYG DIN KRIGERKROP – OG TAG KONTROL

Du har lært:

- At din krop er dit fundament for respekt, styrke og tiltrækning

- At du skal træne som en kriger, ikke en pyntet influencer

- At mad, søvn og restitution er våben – eller svagheder

- At du ikke kan dominere noget som helst, før du kontrollerer dig selv fysisk

Men ingen bliver stærk af at læse. Nu skal du **handle som en mand, der bygger en krop til kamp.**

7-DAGES FYSISK GENSTART

Denne uge skal du:

- Træne med intensitet

- Spise med formål

- Sove som en maskine

- Leve som en kriger – uden undtagelser

DAGLIG STRUKTUR:

1. Træning – 60 minutter hver dag (minimum)
Split op efter følgende:

Dag   Fokus

Mandag Full-body styrke (tunge løft)

Tirsdag Kondition + kropsvægt (sved & puls)

Onsdag Upper-body (push/pull) + core

Torsdag Underkrop (squat/lunges + sprint)

Fredag   Full-body cirkel (funktionelt)

Lørdag   Kampdag (HIIT, sparring, strongman)

Søndag Aktiv hvile (stræk, gang, kulde)

2. Kost – Ingen junk. Kun brændstof.

- Hver måltid = protein + grønt
- Ingen sukker, alkohol, junk eller forarbejdet mad
- 3 hovedmåltider + 1–2 proteinrige snacks
- Drik vand som om du skal overleve i ørkenen

3. Søvn – Minimum 7, helst 8–9 timer. Hver nat.

- Ingen skærm 1 time før sengetid
- Mørkt, køligt og stille rum
- Fast rytme: op og i seng på samme tid

EKSTRA UDFORDRING: KRIGERPROTOKOLLEN

Hver morgen:

- 30 sek iskoldt bad

- Læs dine mål højt

- Gør 20 burpees – uden undskyldninger

Hver aften:

- Reflektér i 5 minutter
  → Hvad gjorde jeg godt i dag?
  → Hvad svigtede jeg?
  → Hvad forbedrer jeg i morgen?

EVALUERING EFTER 7 DAGE:

Sæt dig ned og svar ærligt:

1. Hvordan føles min krop nu sammenlignet med sidste uge?

2. Hvor meget mere energi, fokus og selvtillid har jeg?

3. Hvilken ny vane vil jeg gøre permanent fra i dag?

Hvis du gennemførte 100%: **Du er ikke bare trænet – du er kalibreret.**

DEL 7: ØKONOMISK STYRKE & UAFHÆNGIGHED

Kapitel 19: Penge Er Magt – Sådan Får Du Dem

Hvordan du skaber økonomisk uafhængighed. Tankegangen, der skaber rigdom.

Penge styrer verden – spørgsmålet er bare, om de styrer dig

Du kan råbe alt, du vil, om "lykke er vigtigere end penge."
Men sandheden er brutal:

Den mand, der ikke kontrollerer sine penge, bliver kontrolleret af alle andre.

- Din chef.

- Din kvinde.

- Staten.

- Banken.

- Tiden.

Penge = frihed.
Penge = beskyttelse.
Penge = handlekraft.

Du behøver ikke blive millionær.
Men du **SKAL** blive økonomisk uafhængig, hvis du vil leve som en fri mand.

Mænd uden penge kan ikke tage beslutninger – de skal spørge om lov

Når du mangler penge:

- Du skal sige ja til lortearbejde.

- Du kan ikke gå fra en kvinde, der disrespecter dig.

- Du har ikke råd til at vælge noget bedre – du må nøjes.

Du lever et liv, hvor du bliver **presset ind i rammer, du ikke har skabt.**
Det er **maskeret slaveri.**
Du har måske iPhone, bil og Netflix – men du **ejer intet.** Ikke engang din egen frihed.

Du skal ændre dit mindset omkring penge – for altid

De fleste mænd tænker sådan her:

- "Jeg skal finde et godt job."

- "Jeg skal bare betale mine regninger."

- "Jeg håber, jeg vinder i lotto eller bliver opdaget."

Det er **fattigdomstænkning.**

Rigtige mænd tænker:

- "Hvordan bygger jeg mine egne indkomststrømme?"

- "Hvordan gør jeg mig uafhængig af én indtægt?"

- "Hvordan får jeg penge til at arbejde for mig – i stedet for omvendt?"

De tre stadier af økonomisk styrke

1. Kontrol
Du ved præcis, hvor dine penge går hen.
Du har budget, overblik og styring.

2. Overflod
Du tjener mere, end du har brug for – systematisk og stabilt.
Du har luft, og du sover roligt.

3. Uafhængighed
Du kunne stoppe i morgen – og være okay.
Du arbejder, fordi du **vælger det** – ikke fordi du **skal**.

Sådan begynder du at bygge økonomisk magt – uanset startpunkt

1. Stop med at bruge penge på lort
Hvis du har penge til junkfood, gadgets og byture – men ikke til
opsparing, investering og udvikling – **du fortjener at være fattig.**

2. Byg en 3-trins struktur for din økonomi:

- **Stabilitet:**
  → Betal alt, hvad du skylder
  → Lav en buffer på 10.000–50.000 kr.
  → Tæl hver krone og styr det som en general

- **Opskalering:**
  → Lær en ny færdighed
  → Start en sideindtægt
  → Skift til et miljø, hvor der er mere potentiale

- **Fremtid:**
  → Sæt penge i investeringer (aktier, ejendom, forretning)
  → Tænk langsigtet: 5, 10, 20 år frem
  → Invester i dig selv: din viden, din sundhed, dit netværk

Økonomisk styrke gør dig respektindgydende – fordi det viser, du har kontrol

Kvinder mærker det.
Mænd respekterer det.
Systemet frygter det.

Når du har penge:

- Du siger, hvad du mener

- Du siger nej uden frygt

- Du bestemmer over din tid, dine omgivelser og dine muligheder

Og du ved det selv:
Din selvtillid ændrer sig, når din bankkonto ikke længere bestemmer, hvordan du tænker.

Kapitel 20: Slip Ud Af Lønslaveriet

Hvorfor et job ikke er nok, hvis du vil have frihed. Byg dine egne indkomststrømme.

Et fast job er moderne slaveri i forklædning

Du tænker, du er tryg.
Du har fast løn. Pension. Frokostordning.

Men hvad sker der, hvis:

- Du bliver fyret?

- Du bliver syg?

- Du nægter at følge en tåbelig ordre?

- Du siger din mening?

Alt falder. Fordi du kun har én indtægtskilde.

Det er ikke tryghed. Det er **afhængighed**.
Du er bundet til en chef, et system og et sæt regler, du ikke selv har skabt.
Du er ejet.

Du arbejder for penge – mens de, der ejer systemet, får penge til at arbejde for dem

Du bytter tid for penge.
De bytter penge for frihed.

Manden, der kun tjener penge gennem sin tid, vil aldrig være fri.
Manden, der får penge, mens han sover, vil altid have overtaget.

Dit mål er klart:
Skab indkomststrømme, du selv ejer.

Her er, hvad du skal forstå:

1. Et job er ikke din identitet – det er din startplatform
Du bruger det til at skaffe kapital, erfaring og færdigheder – ikke som en permanent livsmodel.

2. Du har flere muligheder, end du tør indrømme
Du kan:

- Freelance

- Skabe content

- Sælge viden

- Starte en service

- Udleje, investere, handle

- Droppe comfort og gå ind i noget *farligt*

3. Du skal bygge noget, der ikke kan fyres, lukkes eller kontrolleres af andre
Dét er ægte magt. Dét er mandens økonomiske frihed.

Sådan bygger du dine egne indkomststrømme – mens du stadig arbejder

Fase 1: Overskud og færdigheder

- Minimer udgifter

- Brug hver dag på at lære: salg, marketing, tech, ledelse, kommunikation

- Find én ting, du kan blive *rigtig god* til, og begynd at tjene småpenge på det

Fase 2: Side hustle = test, lær, tjen

- Find et problem, du kan løse for andre

- Sælg løsningen (service, produkt, rådgivning, content)

- Brug aftener/weekender – ingen undskyldninger

- Geninvester hver krone i udvikling og opskalering

Fase 3: Udskift job med selvstændig indtægt

- Når din side hustle kan betale din husleje: fordobl indsatsen

- Arbejd 12–14 timer om dagen i overgangsfasen

- Træk stikket fra lønmodtager-liv og **gå 100% all in**

Du skal eje *noget* – eller du bliver ejet

Du skal have:

- Noget, du kontrollerer

- Noget, du kan vokse

- Noget, ingen kan tage fra dig

- Noget, der kan give penge mens du sover, rejser, træner

Det er ikke let. Men det er simpelt:

- Byg

- Gentag

- Skær bullshit fra

- Sælg

- Skalér

Eksempler på indkomststrømme du kan eje

- Freelance (tekst, design, marketing, programmering, video)

- Coaching, rådgivning, online kurser

- Dropshipping eller e-commerce

- Ejendomsinvestering

- Konsulentarbejde

- YouTube, content, nyhedsbreve

- Services i dit lokalområde

- Digitale produkter

Start småt. Gør det godt. Gør det igen.

Kapitel 21: Brug Penge Som Et Våben, Ikke En Fælde

Undgå fælderne, der holder mænd fattige. Investering og økonomisk strategi for mænd.

Penge gør dig ikke stærk – men de forstørrer, hvad du allerede er

Hvis du er svag uden penge, bliver du bare en **rig svag mand**.
Hvis du er stærk uden penge, bliver du **farlig med dem.**

Penge er ikke målet. De er værktøjet.
Spørgsmålet er ikke *hvor mange penge du har* – men **hvad de gør for dig.**

Her er, hvordan de fleste mænd saboterer sig selv økonomisk

1. De bruger penge for at imponere

- Dyre biler de ikke har råd til

- Designertøj uden ægte stil

- Ferier de burde vente med

De prøver at *købe status* – og ender med at *miste frihed.*

2. De bruger penge, når de burde investere
Hver 1.000 kr. brugt på lort er 1.000 kr., der kunne give dig afkast.
De tror, de lever – men de forbruger sig længere væk fra uafhængighed.

3. De tænker kortsigtet
De vil have belønning nu. Og de bytter 30 års frihed for en ny iPhone i dag.

Mænd med økonomisk styrke bruger penge taktisk

De investerer i tre ting:

1. **Egne færdigheder**
   → Læring, netværk, udvikling

2. **Indkomstskabende aktiver**
   → Forretning, ejendom, digitale produkter, aktier

3. **Beskyttelse og frihed**
   → Opsparing, plan B, mobilitet

De **forstår penge** som en styrkefaktor. Ikke som pynt.

Hvad vil du have dine penge til at gøre for dig?

Spørg dig selv:

- Vil du have dine penge til at give dig sikkerhed?

- Skal de give dig frihed til at sige nej?

- Skal de vokse for dig, mens du bygger?

Sæt et mål for dine penge. **Hvis du ikke giver dem en mission, forsvinder de.**

Taktisk pengestruktur – for mænd med kontrol

1. Beskyttelse:
→ 3–6 måneders opsparing på lavrisiko-konto
→ Kontanter i nødsituation
→ Ingen gæld uden strategi

2. Vækst:

→ 10–30% af din indkomst investeres

→ Aktier, indeksfonde, ejendom, forretning

→ Hellere simpelt og konsistent end komplekst og uregelmæssigt

3. Offensive investeringer:

→ Brug penge på ting, der kan give 10x retur:

- Mentorskab

- Software og systemer

- Skalerbare produkter

- High-leverage netværk

Regler for penge du skal leve efter resten af livet

- Hvis det ikke giver værdi i fremtiden, er det en udgift – ikke en investering

- Hvis det kun imponerer andre, er det en svaghed

- Hvis det gør dig afhængig af job, gæld eller godkendelse – skær det fra

- Hvis det giver dig kontrol, frihed, styrke – *læg alt i det*

Økonomisk styrke handler ikke om penge – det handler om valg

Du skal aldrig være tvunget. Du skal vælge.

Derfor sparer du.

Derfor investerer du.

Derfor lever du ikke som en konge, før du **har råd til det – og stadig kan sige fuck dig til verden.**

AFSLUTNING PÅ DEL 7: ØKONOMISK STYRKE & UAFHÆNGIGHED

HANDLINGSOPGAVE: TAG KONTROL OVER DINE PENGE – ELLER BLIV EJET AF DEM

Du har lært:

- At penge er magt, ikke pynt

- At du skal ud af lønslaveriet, og ind i selvstyret indkomst

- At investering i dig selv og aktiver er vejen ud

- At taktisk pengestyring = frihed, ikke begrænsning

- At du ikke skal købe status – du skal *bygge* den

Nu skal du omsætte viden til kontrol. Og kontrol til frihed.

7-DAGES ØKONOMISK DOMINANS-CHALLENGE

Dag 1: Økonomisk selverkendelse

Skriv svar på:

1. Hvor meget tjener jeg – præcist?

2. Hvor mange faste udgifter har jeg – hver måned?

3. Hvor meget spilder jeg på lort? (gå 3 måneder tilbage og tæl op)

4. Hvad er mit økonomiske mål for de næste 12 måneder?

5. Hvad er mit "frihedstal"? (dvs. hvor meget skal du tjene pr. måned for at være uafhængig?)

Du får ikke kontrol, før du konfronterer sandheden.

Dag 2: Din økonomiske krigsplan

Opret og planlæg tre konti eller systemer:

- **Beskyttelse:**
  → Opsparing til 3–6 måneders udgifter
  → 10% af din indkomst går hertil, hver måned

- **Vækst:**
  → 10–30% skal investeres eller bruges på din forretningsopbygning

- **Daglig drift:**
  → Resten går til nødvendigheder. Ikke pis.
  → Lav faste overførsler – automatisk.

Dag 3–4: Start din ekstra indkomst

Brug én aften på at brainstorme dine muligheder:

- Hvad kan du sælge?

- Hvad kan du lære hurtigt?

- Hvilke problemer kan du løse for andre?

- Hvem kender du, der kan betale dig for noget?

Inden uge er omme:

- Du vælger én idé.

- Du bygger én profil, annonce, landingsside eller kontakter én potentiel kunde.

- Du begynder.

Du har ikke råd til at vente på "det perfekte". Du skal **i gang – nu.**

Dag 5: Fjern dine økonomiske svagheder

Gennemgå:

- Abonnementer

- Spontane køb

- Madbudget

- Alkohol, tøj, gadgets, "småting"

Fjern ALT, der ikke styrker dig fysisk, mentalt eller økonomisk.

Skær op til 20–30% af dit månedlige forbrug fra i dag.
Penge du tidligere brændte af – er nu brændstof for din frihed.

Dag 6: Invester i noget, der gør dig farligere

Brug 100–500 kr. på noget, der:

- Lærer dig en værdifuld færdighed

- Forbedrer din fysik, din tid eller din produktion

- Flytter dig tættere på økonomisk dominans

Små investeringer, store forandringer.

Dag 7: Sæt dit økonomiske maskineri i system

Skriv dit personlige manifest:

- **Mit økonomiske mål (12 mdr):**
- **Min frihedsstrategi (hvordan jeg opnår det):**
- **Hvad jeg ALDRIG bruger penge på igen:**
- **Hvad jeg altid prioriterer at investere i:**
- **Hvad økonomisk frihed betyder for mig – og hvorfor jeg aldrig stopper, før jeg har den.**

Læs det højt for dig selv hver søndag. **Gentag, rekalibrér og hold linjen.**

Når du er færdig...

Du vil:

- Have totalt overblik over din økonomi
- Starte din rejse mod økonomisk frihed
- Fjerne alt, der suger din fremtid
- Tage ansvar, ikke undskyldninger
- Fungere som *general for dine egne penge* – ikke slave for dem

---

DEL 8: STRATEGISK TÆNKNING & LIVSEFFEKTIVITET

Kapitel 22: Tænk Som En General, Ikke En Fodsoldat

Strategisk tænkning for mænd. Hvordan du planlægger din fremtid som et skakspil.

De fleste mænd reagerer – de færreste dirigerer

Langt de fleste vågner op og **går bare i gang**.
De svarer på beskeder, løser problemer, forsøger at "holde hovedet oven vande".

Det er **fodsoldatens tankegang**.
Han udfører ordrer. Han følger. Han overlever.

Den moderne mand skal tænke som en **general**: Han vælger slagmark.
Han planlægger i uger, måneder og år.
Han placerer ressourcer, forudser trusler og **tager kontrol over hele feltet**.

Hvis du ikke har en plan – er du en del af andres

Hvis du ikke selv sætter retning for dit liv, vil du:

- Arbejde på andres drømme
- Følge andres ideologier

- Tilpasse dig kvinders tests og følelser

- Gøre, hvad samfundet synes, du burde

Du bliver en brik i et spil, du aldrig har forstået.

Strategisk tænkning gør dig til spilleren – ikke brikken.
Du vælger *hvem*, *hvornår* og *hvordan*. Du reagerer ikke. Du **dirigerer.**

Fire nøgleprincipper fra krigsstrategi, du skal leve efter

1. Se fremad – altid
Den stærkeste mand er den, der tænker 6–12 måneder længere frem
end alle andre.
Tænk:

- Hvem vil jeg være om et år?

- Hvad skal jeg bygge for at komme derhen?

- Hvilke problemer kan jeg undgå, fordi jeg **forudser dem nu?**

2. Priortér slagene – ikke alt er vigtigt
Du skal lære at sige: *"Det er ikke mit krigsmål."*
Du kæmper kun de kampe, der flytter dig **mod din vision.**

3. Brug din energi som våben
Tid og energi er ikke til pynt. Det er din ammuntion.
Du sparer den. Du fokuserer den. Du **skyder den præcist.**

4. Kend dine fjender og svagheder

Alt, der forstyrrer dit fokus, er en fjende:

- Dårlig søvn

- Drama

- For meget nydelse

- Dårlige valg

- Udisciplinerede mennesker

Eliminér. Bliv kold. Du fører krig mod kaos.

Taktisk tænkning: Planlæg dit liv som en mission

Start med dette:

- Mål (1 år, 5 år, 10 år)

- Midler (tid, penge, netværk, færdigheder)

- Modstand (svagheder, fjender, vaner, miljøer)

- Manøvre (hvad gør du næste 7/30/90 dage?)

Eksempel:

Mål: 500.000 kr. i fri kapital inden 12 mdr
Midler: Aftenarbejde + freelance + ingen unødvendige udgifter
Modstand: Netflix, junkfood, inkompetente mennesker
Manøvre: Planlæg dagligt. Eksekvér ugentligt. Reflektér månedligt.

Du fører krig – og krig vindes med **overblik, timing og vilje.**

Taktiske mænd vinder – fordi de forbereder sig på lortet, før det rammer

- De går ikke i panik – de har plan B og C

- De føler sig ikke fortabte – de ved, hvad næste skridt er

- De mislykkes ikke stort – fordi de **minimerer risiko og maksimerer læring**

Kapitel 23: Minimalisme & Effektivitet – Få Mere Ud Af Mindre

Fjern lort fra dit liv og fokuser på det essentielle. Systemer og rutiner, der giver dig maksimal effektivitet.

Mere betyder ikke bedre – det betyder mindre fokus

Du kender følelsen:

- Du køber det nyeste gadget, men bruger det aldrig.

- Du tilmelder dig en masse ting, men slutter aldrig noget.

- Du er overalt, men kommer aldrig fremad.

Vi er blevet opdraget til at tro, at mere er bedre.

Men mere er **en distraktion**. Mere er **bullshit**, der holder dig væk fra det, der betyder noget.

Minimalisme = Fokus på det, der virkelig skaber værdi

Når du fjerner det, der dræner dig, får du plads til det, der gør dig stærkere.

Her er, hvad du skal fjerne:

- **Uproduktive relationer**

- **Unødvendige ting**

- **Larm, informationsoverload, og dårlige vaner**

- **Komfortzoner, der holder dig tilbage**

Når du fjerner distraktionerne, bliver du **ren og fokuseret**, som en mand på en mission.

Hvordan skaber du et minimalistisk liv?

1. Ryd fysisk og digitalt:

- Organisér dit hjem, arbejdsplads og dine digitale filer.

- Fjerne alle unødvendige ting. Du har ikke brug for det.

- Ryd din telefon for apps og e-mails, der ikke tjener din mission.

2. Planlæg dit daglige liv med intention:

- Skab en daglig rutine, der giver dig værdi.

- Start dagen med det vigtigste, og fjern alt andet.

- Brug timer, ikke minutter. Fokusér på én opgave ad gangen.

3. Skær ned på socialt drama og unødvendige forpligtelser:

- Sig nej til 99% af det, der ikke gør dig stærkere, klogere eller rigere.

- Hold kun kontakten med de mennesker, der hjælper dig med at vokse – eller dem, der har værdier, du respekterer.

Skær bullshit væk – for at fokusere på kraften i det enkle

Når du gør tingene enklere, bliver du **effektiv** – og **uafhængig**.
Du bliver som en kriger, der har én mission og én opgave: **at vinde.**

Hvordan bliver du virkelig effektiv?

1. Identificer den vigtigste opgave:

- Hvad skal du virkelig opnå i dag, i denne uge, i denne måned?

- Det er den ene ting, du fokuserer på.

2. Brug tid som om det var penge:

- For hver time du bruger, spørg dig selv: *"Bringer dette mig nærmere mit mål?"*

- Hvis ikke, stop. Fjern.

3. Fokuser på handling, ikke ideer:

- Ideen betyder intet.

- Det er handlingen, der giver resultater. Gør det. Hver dag.

Effektivitet kræver disciplin – og det er ikke nemt

Mænd, der når deres mål, er ikke de, der har de bedste idéer – det er dem, der **systematisk eksekverer**.

De skærer unødvendigt væk, de gentager, de måler, de justerer, og de bliver bedre dag for dag.

Kapitel 24: Vælg Dine Kampe Med Omhu

Hvornår du skal kæmpe, og hvornår du skal trække dig. Undgå drama og energidrænende mennesker.

En ægte mand kæmper ikke hele tiden – han vælger sine slag

Du tror måske, du viser styrke ved at tage enhver konflikt, hvert argument, hvert lille tegn på disrespect.

Men det gør dig ikke stærk. Det gør dig **reaktiv. Træt. Ustrategisk.**

Den stærkeste mand er ikke den, der råber højest –
Det er den, der kan gå væk **uden at miste sig selv.**

Han forstår:

- At energi er begrænset

- At fokus er helligt

- At **ikke alle kampe er værd at kæmpe**

Mænd uden selvkontrol falder i hver eneste fælde

- De diskuterer med idioter på sociale medier

- De reagerer følelsesmæssigt på små provokationer

- De bruger energi på mennesker, der aldrig ændrer sig

- De mister fokus på deres mission – fordi de vil "have ret"

Du skal vælge:
Vil du **have ret** – eller vil du **have magt**?
Vil du **vinde dramaet** – eller **bygge dit imperium**?

Lær at kende forskel på en værdig kamp og spild af tid

Du skal kæmpe når:

- Din integritet bliver truet
- Nogen forsøger at dominere dig uretfærdigt
- Noget står i vejen for din vision
- Du beskytter nogen eller noget, der har værdi

Du skal *ikke* kæmpe når:

- Det handler om ego og stolthed
- Det er en følelsesmæssig reaktion
- Personen ikke er på dit niveau
- Resultatet er ligegyldigt for dit mål

Den stærkeste form for dominans: ro, stilhed og fravær

Nogle gange er det mest respektindgydende, du kan gøre:

- At *gå uden at forklare*
- At *tie i stedet for at diskutere*
- At *ignorere dramaet fuldstændigt*
- At *smile, vende dig om – og fortsætte din mission*

Du signalerer:

"Jeg er ikke tilgængelig for bullshit. Jeg er på vej et sted hen."

Og dét... **føles farligt** for folk, der lever af kaos.

Dit fokus er din valuta – brug det kun på det, der bygger dig op

Hver gang du giver opmærksomhed til drama:
→ Du mister fokus
→ Du mister momentum
→ Du svækker din edge

Men hver gang du **beslutter, at noget ikke er dit problem:**
→ Du bliver skarpere
→ Du bevarer magten
→ Du går et skridt længere end 99% af mænd

Vælg dine kampe = Bevar din power

- Nogle gange er det rigtige at angribe

- Nogle gange er det stærkeste at observere

- Nogle gange er det mest maskuline at forsvinde uden en lyd

Du vælger – ikke fordi du er bange for konfrontation – men fordi du er for klog til spild.

AFSLUTNING PÅ DEL 8: STRATEGISK TÆNKNING & LIVSEFFEKTIVITET

HANDLINGSOPGAVE: LÆG DIT KRIGSSPIL – OG FØLG DET

Du har lært:

- At du skal tænke som en general – ikke en fodsoldat

- At minimalisme og fokus gør dig farlig

- At du skal spare din energi til de kampe, der **bygger** dig

- At mænd, der vinder, **planlægger, udfører og evaluerer** systematisk

Nu skal du skabe et simpelt, men brutalt effektivt **strategisk overblik** over dit liv – og sætte det i system.

DIN 7-DAGES GENERALPLAN

Dag 1: Dit Overblik – Fra Generalperspektiv

Svar skriftligt og konkret:

1. Hvad er mit hovedmål de næste 12 måneder?
– Det skal være brutalt klart.
→ *Eksempel: Jeg vil opbygge en forretning, der giver 30.000 kr/måned.*

2. Hvad er mine vigtigste delmål de næste 90 dage?
– Vægt, økonomi, netværk, færdigheder, mindset

3. Hvad skal jeg eliminere NU, for at holde fokus?

– Apps, vaner, mennesker, drama

Dag 2–3: Design Din Dagsstruktur

Tegn/skriv din **ideelle dag** som en kriger, ikke som en zombie:

- Hvornår står du op?

- Hvornår træner du?

- Hvornår arbejder du på missionen?

- Hvornår restituerer du?

Alt, der ikke er planlagt, bliver overtaget af andres lort.

Lav et skema – og følg det i minimum 5 dage uden afvigelser.

Dag 4: Byg Et System For Fokus

Implementér følgende:

- **Daglig 3-punkts krigsplan:**
  → Hvad SKAL jeg vinde i dag?

- **Ingen notifikationer før kl. 12**

- **1 time deep work dagligt**

- **1 ugentlig refleksions-session**

Dag 5: Fjern én energityv permanent

Vælg én af disse (eller find din egen):

- En person, du ikke burde tale med længere

- En app, du ikke burde bruge

- En dårlig vane, du er færdig med

Fjern. Bliv fri. Bliv skarp.

Dag 6–7: Krigsstrategi for næste måned

Sæt dig med papir og planlæg:

- Mål (1)

- Delmål (3)

- Daglig rutine

- Hvad der *skal dø* for at du kan vinde

- Hvilke kampe, du **vælger at tage**, og hvilke du **vælger at ignorere**

Lav herefter et statement:

"Jeg kæmper kun for det, der bygger min styrke, frihed og mission. Resten er støj."

Læs det højt hver morgen i 30 dage.

Når du har gennemført…

Du vil:

- Have total klarhed på din retning

- Fjerne larm og drama

- Træffe valg som en general – ikke som en fodsoldat

- Styre din energi som en våbenmester

- Være skarpere end 99% af mænd

DEL 9: PSYKOLOGISK ROBUSTHED & EMOTIONEL INTELLIGENS

Kapitel 25: Hold Dit Sind Stærkt Under Pres

Hvordan du forbliver rolig i kaos. Mentale øvelser for ubrydelig styrke.

Det er ikke, hvad der sker – men hvordan du reagerer, der definerer dig

Livet vil teste dig.
Folk vil skuffe dig.
Kvinder vil forvirre dig.
Penge vil forsvinde.
Din plan vil smuldre.

Spørgsmålet er ikke: *"Vil du blive ramt?"*
Spørgsmålet er: *"Hvad gør du, når det sker?"*

De fleste mister balancen.
De bliver følelsesstyrede, kaotiske, passive, vrede.

En **rigtig mand** står fast.
Han føler smerten – men **han reagerer strategisk.**

Mental styrke = ro midt i stormen

Folk tror mental styrke er at være "glad hele tiden" eller "ikke føle noget".
Nej.

Mental styrke er evnen til at føle alt – og stadig handle rigtigt.

- Du er vred – men du smadrer ikke noget.

- Du er skuffet – men du fortsætter.

- Du er stresset – men du mister ikke din edge.

- Du er presset – men du løser, ikke panikker.

Her er, hvordan du bygger psykologisk robusthed

1. Kend dine triggere – og kontrollér dem
→ Hvem og hvad får dig til at reagere irrationelt?
→ Skriv dem ned. Næste gang det sker: PAUSE.

2. Træk vejret taktisk
→ 4 sek ind – 4 sek hold – 4 sek ud – 4 sek hold
→ Gør det i 2 minutter, når du er presset. Du overtager styringen.

3. Tal hårdt og klart til dig selv
→ "Det her er ikke slutningen."
→ "Jeg har klaret værre."
→ "Ingen redder mig – så jeg redder mig selv."
→ *Gentag. Gør. Vind.*

4. Visualisér pres – og håndtér det i dit sind først
→ Se dig selv i fremtidige pressituationer
→ Visualisér, hvordan du reagerer stærkt, roligt og skarpt

Din ydre kontrol starter med din indre kontrol

Mænd, der ikke mestrer deres sind:

- Bliver manipuleret

- Ødelægger relationer

- Tager dårlige beslutninger
- Lader deres ego styre alt

Mænd, der **kan holde roen**, selv når alt brænder, får:

- Respekt
- Tillid
- Autoritet
- Magt

En stærk mand er ikke følelseskold – han er følelsesbevidst

Følelser er ikke svaghed. Men ukontrollerede følelser er **farlige.**

Din opgave er at:

- Forstå, hvad du føler
- Acceptere det
- Vælge den rigtige handling
- Ikke være slave af nogen emotion

Det er **ægte emotionel intelligens**. Ikke terapi-snak. Ikke "mærk dig selv". Men **strategisk brug af følelser som data, ikke styring.**

Fire regler for mental dominans

1. Du må gerne føle – du må aldrig gå i offerrolle
2. Du må gerne være vred – du må aldrig reagere dumt
3. Du må gerne være usikker – du må aldrig stoppe
4. Du må gerne være presset – du må aldrig vise panik

Kapitel 26: Frygt Er En Illusion – Sådan Knækker Du Den

Hvordan du overvinder usikkerhed og angst. De mest effektive teknikker til mental kontrol.

Frygt er ikke din fjende – den er din test

De fleste mænd prøver at undgå frygt.
De mærker det i kroppen og tænker: *"Stop. Træk dig. Beskyt dig."*

Men sandheden er:

Frygt er ikke fare – det er en invitation.

Du bliver ikke stærk ved at undgå frygt.
Du bliver stærk ved at **mærke den – og gå direkte ind i den alligevel**.

De svage lader frygt styre deres liv

- De bliver i jobs, de hader

- De tør ikke tale højt, når noget er forkert

- De tør ikke gå efter det, de virkelig vil

- De skjuler sig bag undskyldninger som "det er ikke realistisk"

Deres liv er **styret af frygt forklædt som fornuft.**

Men mænd, der dominerer, ved:
Frygt = signal om, hvor du skal hen – ikke hvad du skal undgå.

Din hjerne lyver, når du er bange

Frygt skaber løgne i dit sind:

- "Du er ikke god nok"
- "Du kommer til at fejle"
- "Alle dømmer dig"
- "Du mister alt, hvis du fejler"

Men 90% af det, du frygter, **sker aldrig.**
Og de 10%, der sker? Du **overlever det – og vokser.**

Her er, hvordan du knækker frygt med system og handling

1. Gør det, du frygter, hver dag – i små bidder
Eksponering dræber frygt.

- Frygter du konflikt? Start med at sige "nej" til små ting.
- Frygter du afvisning? Start med at sige din mening ufiltreret.
- Frygter du nyt ansvar? Tag det alligevel – og lær i farten.

2. Tal højt om det, du frygter – og tag magten tilbage
Når du sætter ord på frygt, dør den.
Den lever i stilhed og skam. Du kvæler den med åbenhed og handling.

3. Visualisér worst-case – og forbered dig
Stil dig selv spørgsmålet:

"Hvad er det værste, der kan ske – og hvad gør jeg, hvis det sker?"

Når du **har en plan**, forsvinder 80% af frygten.

4. Gør dig selv fysisk stærkere – så føler du dig mentalt stærkere
Træn. Løft. Sved.
En mand med fysisk kontrol **frygter mindre**, fordi han føler sig kapabel.

Frygt går aldrig væk – men din kontrol over den bliver brutal

Selv de stærkeste mænd mærker frygt.
Forskellen er, at de handler **på trods af den.**

Det er dét, der gør dem farlige.
Ikke at de er uden frygt – men at de **nægter at lade sig styre af den.**

Mænd, der overvinder frygt, bliver ledere, elskere og legender

Når du lærer at handle midt i frygten:

- Kvinder respekterer dig
- Mænd følger dig
- Verden åbner sig for dig

Hvorfor?
Fordi du er den sjældne type mand, der **går derind, hvor andre trækker sig.**

Kapitel 27: Kontroller Dit Ego, Før Det Ødelægger Dig

Hvordan du balancerer selvsikkerhed og arrogance. Lær at bruge dit ego som et våben, ikke en svaghed.

Ego er farligt – men nødvendigt

Du har brug for ego.

- Det får dig til at rejse dig, når du er knækket.

- Det får dig til at tro på dig selv, selv når ingen andre gør.

- Det får dig til at nægte at tabe, selv når oddsene er imod dig.

Men ego kan også:

- Få dig til at afvise kritik, du burde høre

- Få dig til at spille smart, når du burde lære

- Få dig til at kæmpe kampe, du burde ignorere

- Få dig til at forsvare dig, når du burde tie

Ubalanceret ego er som et våben uden sikkerhedslås.
Det kan beskytte dig – men det kan også sprænge dit liv i luften.

De svage skjuler deres frygt bag ego

De overdøver usikkerhed med arrogance:

- "Jeg ved allerede det hele."

- "Ingen skal fortælle mig noget."

- "Jeg klarer mig selv."

Men bag deres facade er der frygt, mindreværd og stolthed uden fundament.

Ego uden substans er som muskler uden styrke. Det ser ud af noget – men det falder fra hinanden under pres.

Den stærke mand styrer sit ego – og bruger det strategisk

Han ved:

- Hvornår han skal tie og lytte

- Hvornår han skal stille spørgsmål

- Hvornår han skal træde frem med autoritet

- Hvornår han skal vise ydmyghed og lære

Han er ikke bange for at virke "mindre", fordi han **ved, han vokser hver dag.**

Sådan kontrollerer du dit ego – uden at miste din kant

1. Lyt mere end du taler
Hvis du allerede ved alt, lærer du intet.
Når du lytter, vokser du. Når du lytter, leder du bedre. Når du lytter, får du respekt.

2. Søg aktivt feedback – især den, der gør ondt

De fleste undgår det, der afslører deres blinde vinkler.

Men mænd, der vil vokse, **går direkte ind i det ubehagelige.**

3. Anerkend dine fejl – og justér lynhurtigt

At stå fast på noget forkert er ikke styrke. Det er idioti.

Ægte styrke er at kunne sige: *"Jeg fuckede op. Her er hvad jeg gør nu."*

4. Træn dig selv i at være den dummeste i rummet

Hvis du altid er den klogeste, er du i det forkerte rum.

Opsøg steder, hvor du kan **absorbere, ikke dominere.**

Dit ego skal arbejde for dig – ikke mod dig

Brug det som brændstof:

- Til at presse dig hårdere

- Til at holde dine standarder

- Til at nægte at blive gennemsnitlig

- Til at tage ansvar, når andre fejler

Men **bind det op**, når det vil tale højt for at skjule svaghed.
Du er ikke her for at se vigtig ud – du er her for at **blive farlig i virkeligheden.**

Den stærkeste mænd er dem, der ikke skal bevise noget – men beviser alt med handling

Ingen store ord. Ingen arrogance. Ingen facade.

Bare resultater.
Styrke.
Ro.
Og total kontrol.

AFSLUTNING PÅ DEL 9: PSYKOLOGISK ROBUSTHED & EMOTIONEL INTELLIGENS

HANDLINGSOPGAVE: TRÆN DIT SIND TIL AT BLIVE UBØJELIGT

Du har lært:

- At mental styrke handler om reaktion, ikke situation

- At frygt er en illusion, og handling er kuren

- At egoet kan bygge dig op – eller knuse dig, hvis du ikke styrer det

- At følelsesmæssig intelligens er at føle alt – og stadig vælge rigtigt

Men ingen bliver mentalt uknuselig uden **træning.** Her er dit program.

7-DAGES PSYKISK TRÆNINGSPROTOKOL

Hver dag skal du gennemføre følgende – uanset humør, træthed, undskyldninger eller ydre kaos:

---

1. Mental kontrol under pres (daglig test):

Udfordr dig selv fysisk OG mentalt i én situation dagligt, hvor du **plejede at bøje af:**

- Træn hårdere end du har lyst til

- Gå ind i en konflikt og sig, hvad du mener

- Konfronter én person, du normalt ville undgå

- Gør noget, du frygter (afvisning, fejl, spotlight)

Du skal gøre én ting dagligt, der får din puls op – ikke pga. fysisk aktivitet, men fordi det **trigger dit ego eller din frygt.**

---

2. Ego-kontrol-ritual (hver aften)

Sæt dig alene i stilhed og svar skriftligt på følgende:

- Hvor lod jeg mit ego styre mig i dag?

- Hvordan kunne jeg have reageret mere strategisk?

- Hvad lærte jeg i dag, fordi jeg valgte at lytte fremfor at dominere?

Ærlighed er nøglen. Ikke pyntet bullshit. Rå refleksion = reel udvikling.

---

3. Visualiseret kontrol (morgenrutine)

Hver morgen – 5 minutter:

- Visualisér dig selv i en presset situation

- Forestil dig selv reagere roligt, taktisk, dominerende

- Gentag mentalt:

"Intet ryster mig. Jeg vælger mine reaktioner."

---

4. Frygt-dag (vælg én dag i ugen)

Planlæg én ting, du har undgået længe – og **gør det denne uge**:

- En samtale, du udskyder

- En beslutning, du har frygtet
- En handling, du ikke føler dig "klar" til

Klarhed og frihed kommer kun efter konfrontation.

---

5. Isolation = kontrol

Vælg én aften i ugen til:

- Ingen skærm
- Ingen kontakt
- Kun papir, refleksion og planlægning

Du lærer at være alene med dig selv – uden at søge flugt.

Når du er færdig...

Du vil:

- Handle, selv når du er bange
- Reagere strategisk, selv når du er presset
- Være bevidst om dit ego og styre det bevidst
- Fungere som en rolig, farlig kraft midt i kaos
- Opbygge **indre kontrol**, som ikke kan købes, lånes eller fakes

DEL 10: MANDLIG LEGACY & ARV

Kapitel 28: Hvad Vil Du Huskes For?

Byg et liv, der betyder noget. Hvorfor formål er vigtigere end penge.

De fleste mænd overlever – men få sætter spor

De bliver født.
De arbejder.
De spiser, sover, dør.
Ingen husker dem. Intet står tilbage. Intet blev ændret.

Men den moderne mand med **mental styrke, dominans og disciplin** lever ikke for at eksistere –
han lever for at efterlade noget.

Noget, der ændrer mennesker.
Noget, der bygger.
Noget, der får hans navn til at leve videre i respekt, ikke glemsel.

Penge, muskler og damer er fede – men de er ikke nok

Du kan have kroppen. Pengene. Kvinderne. Status.
Men når du står alene og stilheden rammer, vil én tanke hjemsøge dig:

"Efterlader jeg noget, der betyder noget?"

Legacy handler ikke om statuer og citater.
Det handler om:

- De mennesker, du ændrer

- De systemer, du bygger

- De standarder, du sætter

- De valg, du tager – når ingen kigger

Du lever ikke bare for dig selv.
Du lever for noget større.

Dit livsformål starter med én beslutning:

"Jeg nægter at dø som endnu en gennemsnitlig mand."

Når den beslutning er taget, begynder du at:

- Tænke 10–20–30 år frem

- Handle ud fra principper, ikke stemninger

- Tage ansvar for dine omgivelser

- Bygge noget, der overlever dig

De fire lag af legacy – dit aftryk på verden

1. Personligt aftryk:
→ Din karakter. Din disciplin. Dine standarder.
→ Folk husker din tilstedeværelse – ikke dine ord.

2. Socialt aftryk:
→ Hvordan du påvirker dem omkring dig
→ Familie, venner, relationer – blev de stærkere pga. dig?

3. Strukturelt aftryk:
→ Hvad har du bygget?
→ Forretning, systemer, idéer, kunst, værdi

4. Historisk aftryk:
→ Vil nogen om 50 år stadig kunne pege på noget, du satte i gang?

Du behøver ikke være kendt – du skal bare være vigtig

Legacy er ikke berømmelse. Det er **indflydelse**.
Nogle mænd ændrer verden. Andre ændrer én mand – og starter en kædereaktion.

Begge dele er stærkt.
Begge dele kræver bevidsthed, offervilje og **et formål større end dig selv.**

Sådan begynder du at bygge din legacy – i dag

1. Find din kamp
→ Hvad vil du stå op imod?
→ Hvad nægter du at acceptere i denne verden?

2. Gør det du siger – hver dag
→ Din legacy bygges af gentagelser, ikke store taler.

3. Skab noget håndgribeligt
→ Skriv. Træn. Byg. Lær fra dig.
→ Gør dit bidrag til verden fysisk, så det ikke forsvinder med vinden.

4. Løft andre op – uden at svække dig selv
→ Legacy er ikke at være everything for everyone.
→ Det er at være en **styrkestation**: De kommer svage – de går stærkere.

Kapitel 29: Mentorskab – Lær At Give Videre

Hvorfor ægte ledere skaber andre ledere. Hvordan du hjælper andre uden at svække dig selv.

En mand, der holder al sin viden for sig selv, dør alene

Du har bygget disciplin.
Du har skabt styrke, struktur og retning.
Du har lært at dominere din verden.

Nu skal du lære at **give videre – strategisk.**

For ægte legacy handler ikke om, hvad du bygger.
Det handler om **hvem du former.**

Svage mænd prøver at være de klogeste i rummet

De giver aldrig noget fra sig.
De holder på deres viden som et våben – fordi de er bange for at blive overhalet.
De frygter, at hvis de lærer fra sig, mister de magt.

Men stærke mænd ved:

- Du mister intet ved at løfte andre

- Du bliver selv skarpere ved at undervise

- Du skaber loyalitet, netværk og respekt, når du **styrker dem omkring dig**

En konge former krigere.
En dreng gemmer sit sværd.

Du skal give videre – men ikke til alle

Mentorskab kræver **filtrering**.

Du skal **ikke hjælpe alle**, for ikke alle vil hjælpes.
Mange vil suge din energi, men nægter at tage ansvar.

Din hjælp skal gives til dem, der **har potentiale og vilje.**

Vælg dem, der:

- Spørger, lytter og eksekverer

- Møder op og arbejder – ikke jamrer

- Rejser sig, når de fejler

- Ikke bare vil høre dig tale – men vil **gå din vej**

Sådan hjælper du – uden at miste din kant

1. Giv værdi – men ikke afhængighed
→ Lær fra dig. Giv retning. Men lad dem kæmpe selv.
→ Du viser vejen – du **bærer dem ikke.**

2. Sæt grænser
→ Din tid er din. Din energi er begrænset.
→ Hjælp effektivt – men aldrig på bekostning af din egen mission.

3. Vis, ikke bare forklar
→ Vær eksemplet.
→ Din styrke, struktur og adfærd **lærer mere end dine ord.**

4. Stil spørgsmål – ikke svar
→ Du skaber ledere, ikke følgere.
→ Stil de hårde spørgsmål, der tvinger dem til at tænke og tage ansvar.

Du vil blive husket mere for dem, du ændrede – end det, du ejede

En dag vil nogen sige:

"Han lærte mig at tænke.
Han lærte mig at stå fast.
Han ændrede mit liv – uden at kræve noget tilbage."

Dét er legacy.
Dét er power.
Dét er *mandens rolle i næste generation.*

Kapitel 30: Døden Er Din Motivation

Memento Mori: Brug døden som drivkraft. Hvordan du lever med intensitet og intention.

Du har mindre tid, end du tror

Du går rundt, som om du har evigheder.
"En dag gør jeg det."
"Senere tager jeg mig sammen."
"Bare lige når…"
Stop.

Du ved ikke, om du vågner i morgen.
Du ved ikke, om du når næste måned.
Du ved kun, hvad du gør i dag – lige nu.

Mænd, der forstår døden, lever anderledes

De:

- Venter ikke på motivation

- Er ikke bange for at fejle

- Holder ikke igen med deres styrke, ord og handling

- Spilder ikke tid på drama, undskyldninger eller komfort

De lever, som om **hver dag tæller – fordi den gør.**

Memento Mori – husk, du skal dø

Det er ikke deprimerende. Det er **befriende.**
Når du forstår, at døden venter uanset hvad – så:

- Frygter du ikke at tage chancer

- Spilder du ikke tid på ligegyldige ting

- Holder du op med at vente på *"det rigtige tidspunkt"*

Det rigtige tidspunkt er NU.
Alt andet er illusion.

Hvad gør du, hvis du har 12 måneder tilbage?

Spørg dig selv:

- Hvem vil jeg blive, inden det er slut?

- Hvad vil jeg sige til verden – gennem handling?

- Hvad efterlader jeg?

- Hvem vil jeg gøre stærkere?

Du vil blive overrasket over, hvor meget du kan nå på 12 måneder – hvis **du slår komfort ihjel og lever som en kriger.**

Brug døden som din daglige drivkraft

Hver morgen:

- Mind dig selv om: *"Tiden løber ud."*

- Spørg: *"Hvis jeg dør i aften – hvad skal jeg nå i dag?"*

Hver aften:

- Spørg dig selv: *"Levede jeg i dag, eller eksisterede jeg bare?"*

De fleste dør som spøgelser – du dør som et navn

Når din tid kommer, skal dit liv have betydet noget.

Ikke fordi du har talt meget.
Ikke fordi du har postet meget.
Men fordi du **levede brutalt ærligt, kompromisløst og med retning.**

Du var ikke perfekt.
Men du **rejste dig hver gang.**
Du gik forrest.
Du efterlod styrke.

AFSLUTNING PÅ: MENTAL STYRKE, DOMINANS & SELVDISCIPLIN

Rejsen Er Din – Men Du Må Tage Det Første Skridt

Du er ikke som de andre.

De læser bøger for at føle sig inspirerede.
Du har læst denne bog for at **blive transformeret.**

- Du har konfronteret dine svagheder

- Du har bygget struktur, styrke og selvtillid

- Du har forstået spillet: mænd, kvinder, penge, disciplin og formål

- Du har valgt at leve bevidst – ikke overleve passivt

Men det her er ikke slutningen.
Det er **starten på din dominans.**

DIT VALG: INGEN FLERE UNDSKYLDNINGER

Fra i dag har du to muligheder:

1. Du går tilbage til dit gamle liv – fuld af komfort, overspringshandlinger og selvbedrag.

2. Du tager det første skridt mod det liv, du ved, du burde leve – med brutal disciplin og maskulin kontrol.

Der er intet imellem.

DEN ULTIMATIVE HANDLEPLAN: 30 DAGE TIL DOMINANS

Hver dag i 30 dage skal du:

1. Eksekvere på din krop

- 60 min træning

- 100% ren mad – ingen junk

- 8 timers søvn
  → Du former dit våben: kroppen

2. Eksekvere på dit sind

- 20 min daglig læsning (strategisk læring)

- 5 min visualisering (mål, ro, pres)

- 5 min aftenrefleksion (Hvad lærte du? Hvor svigtede du? Hvad forbedrer du?)

3. Eksekvere på din mission

- 1 time dagligt på dit formål/projekt/indtægt

- Eliminer sociale medier før kl. 12

- Drop alt, der ikke bygger dig op

4. Hold din mentale krigsdisciplin

- 1 handling dagligt, du frygter/undgår

- 1 situation, hvor du bevidst holder din frame

- 1 "nej" til noget, du plejede at sige "ja" til

Din kode i 30 dage:

"Ingen redder mig. Jeg bygger mig selv."
"Jeg vælger handling – ikke følelse."
"Alt, jeg gør i dag, bygger den mand, jeg skal være i morgen."

Gentag hver morgen.
Gør det hver dag.
Ændr dit liv for evigt.

Når de 30 dage er slut – vil du ikke være den samme mand.

Du vil:

- Tænke klarere

- Handle hurtigere

- Være stærkere fysisk og mentalt

- Udstråle noget, de færreste mænd forstår – men alle respekterer

---

TAK & SLUTORD

– Din rejse er kun lige begyndt

Hvis du er nået hertil, er du ikke som de fleste.

De fleste stopper, når det bliver ubehageligt.
De fleste leder efter undskyldninger, ikke spejle.
De fleste læser bøger – og gør intet.

Men ikke dig.

Du har konfronteret sandheden. Din egen svaghed. Dit potentiale.
Du har læst noget, der ikke holdt dig i hånden – men sparkede dig i ryggen.
Fordi det var nødvendigt.

Det her var ikke en afslutning.
Det var en *aktivering.*

Du er ikke færdig. Du er farlig nu.
Du har værktøjerne, rammerne og krigsstrategien.
Nu handler det om én ting:
UDFØR! Ikke tænke. Ikke vente. Ikke håbe.

– Din mission starter nu

Verden har ikke brug for flere "inspirerede mænd".
Den har brug for **aktive mænd**.
Mænd med rygrad, blik og styrke.
Mænd, der tager ansvar – og tager terræn.

Fra i dag:

- Du siger din mening

- Du bygger din krop

- Du styrer dine relationer

- Du former dit liv

- Du lever som om du **ikke får en chance mere**

Og når du falder af – for det gør du –
Rejs dig. Stram næverne. Og fortsæt.

For det her er **ikke en fase.**
Det er din nye identitet.

**Tak fordi du læste.
Nu går du ud og **handler.**

**Lad verden mærke, at du ikke længere er til stede som passager –
men som hersker.**

– *Slut.*
– *Eller rettere: begyndelsen.*

Copyright

1.udgave, 2025

Forlag: BoD · Books on Demand, Strandvejen 100, 2900 Hellerup, bod@bod.dk
Tryk: Libri Plureos GmbH, Friedensallee 273, 22763 Hamborg, Tyskland
ISBN: **978-87-7145-825-1**